我
们
一
起
解
决
问
题

演讲三绝

开场抓人、
中场服人、
收场动人

曹丽娇◎著

人民邮电出版社

北　京

图书在版编目（CIP）数据

演讲三绝：开场抓人、中场服人、收场动人 / 曹丽娇著. -- 北京：人民邮电出版社，2022.4
ISBN 978-7-115-58900-2

Ⅰ. ①演… Ⅱ. ①曹… Ⅲ. ①演讲－语言艺术 Ⅳ. ①H019

中国版本图书馆CIP数据核字(2022)第047002号

内 容 提 要

本书作者通过总结自己多年的一线主持人工作经历，以及线下、线上演讲课程授课经验，系统地讲解了一场好的演讲应该具备哪些要素。对于演讲开头，作者介绍了如何在一开场就引起观众的注意，怎样做一个让人印象深刻的自我介绍等；对于演讲过程，作者介绍了如何讲好一个故事，如何有逻辑地表达一个观点，如何讲出个人的影响力等；对于演讲结尾，作者介绍了如何给演讲做一个强有力的收尾，让观众认同演讲者的观点并付诸行动等。

书中的方法经过作者多年实战验证，适合需要提高演讲水平的读者阅读与学习。

◆ 著　　　曹丽娇
责任编辑　王飞龙
责任印制　彭志环

◆ 人民邮电出版社出版发行　　北京市丰台区成寿寺路11号
邮编 100164　电子邮件 315@ptpress.com.cn
网址 https://www.ptpress.com.cn
临西县阅读时光印刷有限公司印刷

◆ 开本：880×1230　1/32
印张：6.5　　　　　　　　　2022年4月第1版
字数：150千字　　　　　　　2025年10月河北第25次印刷

定价：59.80元

读者服务热线：（010）81055656　印装质量热线：（010）81055316
反盗版热线：（010）81055315

当丽娇兴奋地把她即将付梓的书稿第一时间捧给我时，我知道，那个曾经懵懂的小姑娘已经长大、成熟，令我这个老师引以为傲。

在中国传媒大学还被叫作北京广播学院的那个年代，丽娇是我的学生中很有天赋和灵气的一个人。她常说自己是从东北小镇里走出来的"土丫头"，可我却从她活泼闪耀的眼眸中，看到了她对未来的自信、渴望，和一点点"野心"。在我教授的"播音主持艺术"的课堂上，丽娇是最"不安分"的学生。她常常会想出各种稀奇古怪的问题来挑战我的智慧。慢慢地，我发现，她总能用创新和变化的眼光望向未来。

"卢老师，等待未来，不如创造未来啊。"这是大学毕业前，她对我说的话。

毕业后，我们一直保持着联系。每过一段时间，她都会当面跟我聊聊工作和生活。在那个"说新闻"还存在争议的年代里，她一直在工作中坚持尝试"说新闻"；她曾经做的两个小时的新闻直播节目的片花就叫作"每天中午听丽娇给你说新闻"，这种工作对一个主持人的专业、知识积累和应变能力都有极高的要求；直到36岁时，她毅然辞职，为了梦想从零开始……她希望用自己的智慧与能力影响更多的人。

我曾问她："丽娇，这就是你想创造的未来吗？"

她想了想，说："还不是，可能快了吧。"

我想，这本书就是她向前迈进的又一步吧！

说话的艺术、演讲的能力是在当下社会每个人都需要学习的。如果您无法在有限的时间里打动对方、说服对方，可以说，您成功的概率就会大打折扣。

演讲看上去似乎很简单，但想要达到高水准却非常困难。丽娇的《演讲三绝》真的是提高演讲能力的好帮手，它能让您在非常短的时间内掌握演讲的技巧，不断进阶，快速突破自己，从而能够从容应对各种需要演讲的场合，让您在人生的舞台上展现非凡的自己。

恭喜丽娇，也恭喜打开这本书的每一位读者，相信你们一定能在这本书里有所收获。

卢静　中国传媒大学播音主持艺术学院教授

壬寅年春

北京

什么是好的演讲

我们要想分辨出优秀的内容或优质的食材，往往会先从反面出发，了解哪些内容属于糟粕、哪些食材难以入口。因此，在本书的一开始，我想和大家聊聊错误的演讲方法有哪些。

四种错误的演讲方法

打鸡血式演讲

如果你此前曾被这种方法"茶毒"，现在请务必对其敬而远之。原因在于，"打鸡血式演讲"只能调动演讲者的情绪，而压根儿不在乎观众的感受。因此我们常常可以看到，有些演讲者一上台就会高喊着诸如"朋友们，你们好吗？你们今天开不开心？"之类的口号，只顾着把自己强势带入兴奋的气氛中，而坐在台下的观众往往一头雾水。演讲快到结尾时，演讲者也往往会振臂高呼，以"让我们今天就开始追求我们的幸福好不好？"之类的呼吁来结尾，这时观众则会感到非常尴尬。

> 让我们一同从这本书重新开始，了解演讲到底是怎么回事。

不知道从什么时候开始，很多演讲老师开始教授这样的"打鸡血式演讲"课程。我后来还听朋友说起，他们去上演讲课时，老师要求学员在上课前，需要在台下一起拍手、原地跺脚。在接下来的课程中，我会和大家聊到，演讲最重要的是情感上的互动和共鸣。一部优质的电影之所以可以打动我们，正是因为演员还没有哭，观众就已经泪流满面了；演员还没有笑，观众就已经被逗得捧腹大笑了——这才是高级的传播。而演讲也是通过语言进行传播的一种传播方式，如果演讲者自己在台上激动得手舞足蹈，而观众在台下毫无感觉，那么这肯定是一场无效的演讲。

所以我在此先告诉大家，如果你以前学习过这种"打鸡血式演讲"，请务必把它抛到脑后。让我们一同从这本书重新开始，了解演讲到底是怎么回事。

套路化演讲

我听说，有的演讲老师会告诉大家，站在台上第一分钟要干什么、第二分钟要干什么，事无巨细地交代明白。还有的演讲老师会告诉大家，撩头发时要撩几根，微笑时要露出几颗牙齿，摆手臂时要摆成多少度角。甚至有的演讲老师会教大家如何利用道具，要在什么时候推眼镜、摘眼镜，要在什么时候喝一口水，特别是还有的老师要求学员过段时间就要跟台下的观众互动一下。如果学员不知道什么叫互动，老师就只要求学员问观众几句话——"你们赞同吗？你们理解吗？你们同意吗？我说得对不对？"在这些老师眼中，似乎学员掌握了上面这些套路，就能宣称自己精通演讲了。所以很多学员学完了这些演讲方法之后，就觉得演讲一点都不难，无非是演讲者往台上一站，第一分钟先做自我介绍，第二分钟推下眼镜，第三分钟振臂高呼，第四分钟问一下大家赞同吗，第五分钟结尾，然后就可以顺利下台了，很多学员误以为这样做就算学会了演讲。

> 这种"套路化"演讲绝不能被称作"好的演讲"，因为它充满了模式化的痕迹，只会让观众产生满满的不适感。

我之前在做线下演讲课程时，经常会碰到一些学员，一眼就能看出他们是跟哪位老师学过演讲技巧。这些学员还会追问我怎么知道的，他们觉得自己学得非常好。我则会告诉对方，这恰恰不是学得特别好，而是学得糟透了。这种"套路化"演讲绝不能被称作"好的演讲"，因为它充满了模式化的痕迹，只会让观众产生满满的不适感。当观众看到这样的演讲时，往往会对演讲者产生厌烦情绪，演讲者也很难通过这样的演讲达到预期目标。

自说自话式演讲

我们会发现，很多领导在开会时会犯这样的毛病，他们先强调"今天就说三点"，结果每一点里面套着五个小点；他们一边表示"马上就要说完了"，一边还要"再强调三点"。这类领导的发言之所以让大家特别难以接受，正是因为他们不是在做一种双向的传播，根本没有考虑观众的感受。不管观众爱不爱听，反正领导就自顾自地往下讲。

> 本书想要告诉大家，演讲是双向的传播。

你可能会认为，领导讲话的例子太过特殊，因为那往往发生在一种特定的环境下，演讲者具有领导的特殊身份。其实不然，我曾经看过很多公众场合的演讲和表达，演讲者同样也是自说自话，只说一些对自己有用的话、聊跟自己相关的事。无论观众是否在乎他的表达，无论演讲者是否已经严重超时，哪怕观众已经开始打哈欠、玩手机、上卫生间，演讲者还是自顾自地一味表达，这种演讲方式也是非常失败的。所以，本书想要告诉大家，演讲是双向的传播。演讲者的表达必须用观众喜闻乐见的方式，让对方听得进去，才能实现真正意义上的表达，这一点非常重要。

自说自话式演讲错在把演讲理解成了单方面的输出。正是因为有些演讲者没有意识到演讲是双向的，误以为只要把想表达的观点表达出来就大功告成了，所以才会导致他们在台上演讲时非常自以为是。例如，如果演讲者认为自己讲的是本专业的内容，就非常容易进入一种高高在上的状态，用说教的口吻表达观点，使观众感受不到应有的尊重并最终收获糟糕的体验。

自说自话式演讲错在把演讲理解成了单方面的输出。

讨好和卑微式演讲

有些演讲者可能认为，台下的观众都更为专业和资深，如台下坐着演讲者的领导和老师。为了能够表现出自己很看重这次演讲机会，演讲者会在台上表现得非常胆怯。有些人在演讲时可能会说："我特别开心可以获此殊荣，在这里表达我的看法。"有些人会说："虽然我人微言轻，但我还是想说出自己的观点。"这样的演讲者

四种错误的演讲方法

打鸡血式
演讲

套路化演讲

自说自话式
演讲

讨好和卑微式
演讲

会给人留下一个值得同情的印象。观众可能会产生怜悯之心，却很难被他打动或影响。

好演讲的本质在于双向的信息传播

我在每次上演讲课之初，都会问我的学员几个问题：

你们觉得演讲是什么？
演讲要达到的目的是什么？

现在你不妨也简单思考一下上述问题。我想，有些人的答案是"想要把自己想说的话表达出来、让别人明白自己的意思"；有些人则希望可以影响别人，或者使自己的思想能为别人所熟知。

如果你的答案是后一种，恭喜你，你已经知道演讲的真正目的和本质了。但如果你认为演讲只是单纯把自己想说的话表达出去，那就大错特错了。

本书希望大家可以明白，演讲是一种双向的信息传播，关键不在于把自己的观点表达出去，而在于能够用观众喜闻乐见的方式把观点传播出去，让观点既入了观众的耳、又入了观众的心，并获得观众的反馈。观众的反馈既可能是表情和情感上的即时反馈，如点头、感动或悲伤；也可能是未来行动上的反馈，如因为这场演讲而做了一些重要决策。

演讲不是自说自话，演讲的最终目的并不是为了能够满足演讲者的诉说欲，而是为了能够影响别人、打动别人。这是我想要和大家分享的最核心的观点。正因为如此，所以我们才会认为那些不接地气的、高高在上的、情感与观众不能产生共鸣的、莫名其妙的、拖泥带水的、卑微讨好的、打鸡血式的演讲是无效的。而本书想要教给大家的演讲方式，是一种充满魅力的表达方式。观众可以通过一场演讲喜欢你的人格、认同你的观点、受到你的影响，甚至未来会追随你的脚步。

一言以蔽之，演讲要达到的最终目的，是能够影响观众、打动观众。演讲是一种双向的信息传播，最重要的是演讲者和观众达到情感上的互动和共鸣。

好的演讲是什么

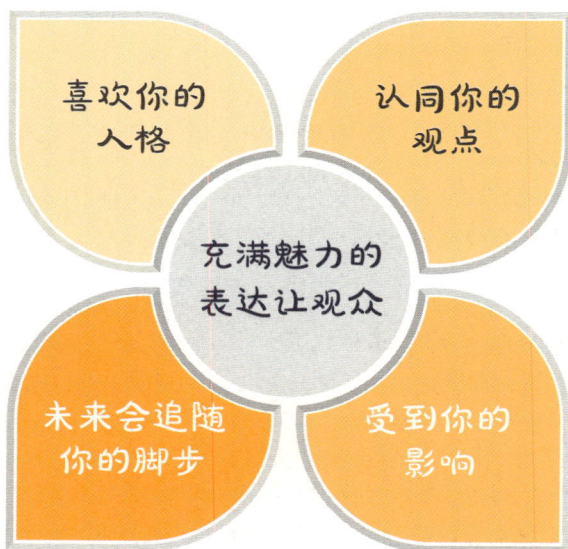

喜欢你的
人格

认同你的
观点

充满魅力的
表达让观众

未来会追随
你的脚步

受到你的
影响

目 录
CONTENTS

演讲的核心是表达自己、影响他人

要想成为优秀的演说家，我可以给你几个锦囊妙计，也就是下面我要说的"5S""PPT"和"四个一"。

"5S"指的是开始（Start）、故事（Story）、灵魂（Soul）、口号（Slogan）和自我（Self），"5S"可以让大家知道从何处下手准备一场演讲。接下来，我们分别对这五个词进行解释。

"开始（Start）"要求演讲一定要拥有一个别致的开场。接下来我会用一些经典案例告诉读者，如何让演讲拥有一个与众不同的开场。

"故事（Story）"要求演讲过程中一定要讲好故事。我们常常会看到，很多初学者和演讲爱好者站在台上的表达空洞乏味，根本无法引起观众的共鸣，这正是因为他们的演讲缺少故事。例如，有些电影角色之所以能打动我们，正是因为这些角色有血有肉，而故事正是使人物活灵活现、充分表达"血肉"的载体；而有些电影之所以让人觉得充满说教意味，恰恰是因为导演没能把故事讲好，或是故事本身立不住。没有任何一场演讲可以脱离故事，无论演讲时长是30秒、一分钟还是一小时，讲故事都至关重要。本书后文会告诉大家如何讲好故事。

> "5S"可以让大家知道从何处下手准备一场演讲。

"灵魂（Soul）"对于演讲能否说服或打动观众、能否赢得观众的共鸣可谓至关重要。"灵魂"要求一场演讲必须拥有明确的立意，从而使观众知道演讲者想要通过这场演讲表达什么。例如，如果想要做一场环境保护主题的演讲，演讲者会告诉大家要少用一次性纸杯、筷子，少用塑料袋，尽可能地自备购物袋，这些理念就构成了本场演讲的灵魂。本书后续也会谈到，如何将演讲的灵

演讲中的5S

演讲一定要拥有
一个别致的开场

演讲过程中一定
要讲好故事

开始
（Start）

故事
（Story）

5S

自我
（Self）

灵魂
（Soul）

口号
（Slogan）

把自己独一无二的感受
和经历带入演讲中

一场演讲必须拥
有明确的立意

一个响亮的口号会令
人印象深刻

魂更清晰、更艺术、更打动人心地表达出来。

"口号（Slogan）"也非常重要。口号一经说出，就可以被大众快速记住。因此，给人留下深刻印象的演讲往往具有一个响亮的口号。例如，奥巴马在竞选总统时，就推出了"是的，我们能行"作为自己的竞选口号。本书相关的课程"娇汇魅力演说家"也一样，推出了"十分钟让你学会演讲、爱上演讲"的口号。我们之所以需要在演讲中加入口号，是为了避免观众在演讲现场热血沸腾，但回家之后把演讲内容忘得一干二净。这时如果有一个过目不忘、朗朗上口的口号，那这场演讲就非常成功了。

还有一个"S"指代"自我（Self）"，我们在演讲中一定要时刻提醒自己，"为什么是我站在这里讲、观众来听"。演讲者一定要把自己独一无二的感受和经历带入演讲中。

"四个一" 指的是演讲的结构，包括一个开场、一个故事、一个感悟和一个理念。"一个开场"和"5S"里的开始（Start）是一个意思；"一个故事"也就是"5S"里的故事（Story）；一个理念和一个感悟分别对应"5S"里的灵魂（Soul）和自我（Self）。如果你记不得"5S"，也可以选择记住"四个一"。

还有一组与演讲息息相关的词叫作"PPT"。它指的不是我们在演讲时要播放的演示文稿，而是观点（Point）、能量（Power）和天赋（Talent）。

"观点（Point）"要求演讲要有明确的主题和见解，很多演讲者在台上说着说着就跑题了，不知道自己到底要表达什么。

"能量（Power）"要求演讲者站在台上时，要成为一个有力量的人。本书之后会讨论力量的具体呈现方式。当你把自己调整到有力量的状态时，你的站姿、坐姿、状态、眼神、手势、语气和表情，都会和生活中呈现的状态截然不同。生活中，大家评价我是一个很有能量、很有冲击力的人，这个冲击力就体现在我的方方面面，包括手势、眼神、服装、表情、语气等。如果一个没什么能量的演讲者站在台上，告诉你不要开车了、每天得吃一个苹果，观众根本不会被这样的人打动，所以能量非常重要。

演讲中的 PPT

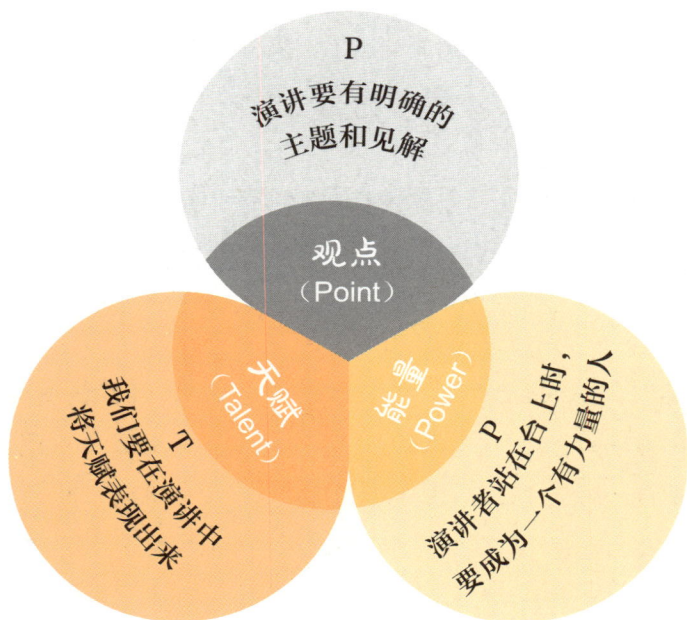

P
演讲要有明确的
主题和见解

观点
（Point）

天赋
（Talent）

能量
（Power）

T
我们要在演讲中
将天赋表现出来

P
演讲者站在台上时，
要成为一个有力量的人

"天赋（Talent）"体现在每个人身上，我们一定要在演讲中把天赋表现出来。 在读完本节后，你不妨对着镜子看看自己，然后扪心自问：我的天赋到底是什么？有哪些东西是我有而别人没有的？你可能会发现，你的天赋是温柔、细心、求知欲强、执着、勤劳、敏感等，每个人都不尽相同。请务必至少找到自己的一个天赋，然后将其放大。

最后让我们一起复习这一部分的核心内容：

"5S"指的是开始（Start）、故事（Story）、灵魂（Soul）、口号（Slogan）和自我（Self）；

"四个一"包括一个开场、一个故事、一个感悟、一个理念；

"PPT"指的是观点（Point）、能量（Power）和天赋（Talent）。

上述三组词可以帮助你明白演讲是怎么回事，按照这个节奏和结构去酝酿和准备演讲，久而久之，你就会成为一名精通演讲的行家。

演讲
三绝

第一部分

——凤头

开场篇

第一章

讲好开场

永远不尴尬的开场

在"5S"和"四个一"中，我们都提到了"开场"一词。开场的确非常重要，因为当演讲者站在舞台上时，最大的挑战之一在于其身份的变化——之前他只是观众，只需要坐在台下看和听就好了，现在则需要站在台上讲，面对所有人的目光。

> 如果你能把开场开好，那么演讲就成功了一大半。

这种变化不仅仅体现为身份的转变，更体现为"场"的转变。也就是说，对于这场演讲而言，站在这里的演讲者发生了变化。观众也要应对这样的改变，因为当他们的脑海中还没有完全抛去上一位演讲者的观点时，下一位演讲者就已经上台了。观众对这位突如其来的演讲者是喜欢还是不喜欢呢？演讲者如何能够在最短的时间内让大家忘掉上一位演讲者，并且重新"控"住全场呢？这是每一位演讲者在上台演讲的前一分钟必须面对且必须解决的问题。

所以说，开场非常重要，如果你能把开场开好，那么演讲就成功了一大半。在我最开始做主持人的几年里，每当我去主持一台晚会时，花最多的时间和精力准备的正是开场部分。可以说，只要能把开场开漂亮了，后面的部分也就水到渠成了。而且我们知道，人的注意力往往在最开始的几十秒内是最集中的。当一个新的演讲者站到台上时，大家都会抬头看一下这个人长得怎么样，是不是自己喜欢的类型。如果演讲者是自己喜欢的类型，观众可能会饶有兴趣地继续听他说下去；如果不是，观众可能就直接不听了。所以，开场的第一分钟真的是至关重要。

本节主要想告诉大家，如何能够不尴尬地开场，以及如何应对可能面对的尴尬开场。同样，我还是给大家举一个小例子。这个例子发生在 1956 年，时任印度尼西亚总统的苏加诺应邀到清华大学进行演讲。

在苏加诺总统开始演讲之前，整个会场有些喧闹，主办方很担心后续无法控场，于是主持人就到台上严肃地强调纪律，让大家安静下来。

我们不妨想象一下当时的情景，苏加诺总统正在后台准备上场，正在考虑自己要给清华大学的学生留下一个什么样的印象，他可能已经想好了他的开场。可是就在这个时候，主持人却偏偏帮了倒忙。没准主持人当时站在台上是这样说的：

当我们要通过语言去打动对方、说服对方的时候，找到恰当的情绪切入点是非常重要的。

"各位同学，请你们注意一下自己的言行，有的人是不是太过热情了！如果谁再这么喧哗的话，我就要把他请出会场了！"

总而言之，主持人可能会告诫大家不要这么闹哄哄。

对于主办方来说，观众们不会发生意外状况当然是最好的结果；可是对于马上要上台的苏加诺总统来说，这种情况可谓是一个巨大的挑战。我们如果想要说服一个人，例如，你想让你的先生给你买一个包，那肯定得趁着他开心的时候，你在吃饱喝足之时夸夸他，他可能很开心地为你买了包。没有人会在他刚被领导批评，或这个月的奖金没有拿到已经愁眉苦脸时要求他买包。所以，当我们要通过语言去打动对方、说服对方的时候，找到恰当的情绪切入点是非常重要的。如果对方情绪比较低落，那么对于开口的一方，事情就真的很难办了。

在相声行当中，有一句话叫作"接火不接泥"。意思是说，如果上一个表演者是一位能力强的老演员，留下的场子非常热闹、非常"火"，那不管下一位相声演员是多么没经验的新人，上台之后都会赢得大家的掌声，因为热烈的气氛已经被带出来了，还会保持一段时间。但如果前面的演出特别糟糕，那么接下来这位即便是明星演员，他在准备上台时可能也会有一点心烦意乱。

> 观众的情绪是一波一波的，很容易受到当时场上突发事件的影响。

我之前参加过相声剧的演出，我发现艺术家们在上台前，都会在后台撩开帘子往下看一看，然后问上一句："怎么样，今天这场子热还是不热？好不好演？"这个所谓的"热"与"不热"，其实说的就是当时观众处在什么样的情绪下。当你拥有了长期大量的公众表达经验后就会发现，观众的情绪是一波一波的，很容易受到当时场上突发事件的影响。所以对于演讲者来说，最重要的就是在开场的第一分钟，尽快把所有观众的情绪调动起来。

接下来，让我们来看看苏加诺总统是怎么做的。

演讲一开始，苏加诺总统走上台，对同学们说：

"同学们，我有一个建议，我建议你们向前走一步，因为我愿意生活在年轻人当中。"

于是，同学们都向前走了一步，坐在地上，把苏加诺总统给围了起来。苏加诺总统接着说：

"我还有一个请求，我想请大家笑一笑，因为我们面对的是美好的未来。"

他这句话让所有人都一扫刚才的郁闷，整个会场顿时又沸腾起来，大家马上忘记了刚才的小插曲，因为他们没有想到总统先生会这么平易近人，跟大家互动得这么好。

总统先生做了两件事：一是让大家向前走一步，二是让大家笑一笑。

为什么要这么做呢？总统先生其实是通过跟大家互动来调动观众的情绪。当大家向前走一步时，就会发现总统跟自己的距离被拉近了。我们知道，当我们在舞台上的时候，无论现实中的身份地

> 当你站在台上时，不要对观众产生恐惧的心态，这种害怕和胆怯的感觉其实会被观众观察到。

位是怎样的，都会因为灯光、舞台和话筒的加持，而拥有一项独有的权利，这个权利叫作话语权。

话语权本身就会让演讲者跟观众之间形成一定的身份落差，你稍微会比观众"高"那么一点点。这时，演讲者做的任何与观众亲近的举动，都可以给观众留下好的印象，观众会觉得自己与演讲者的距离被拉近了。

我们可以观察到，一些不是特别有经验的演讲者站在台上时，一开口讲话就往后退，他可能觉得离大家远一点就没有那么紧张了。但请一定要记得，当你站在台上

时，不要对观众产生恐惧的心态，这种害怕和胆怯的感觉其实会被观众观察到。但他们读到的往往并不是你的害怕与胆怯，而是演讲者不喜欢观众、不想跟观众交流。所以任何一个向前一步的动作，都能够拉近你跟观众之间的距离，这有利于你下一步跟观众进行沟通。

> 当一位总统愿意让大家向前一步，愿意跟大家走得更近时，就自然而然地用物理上的距离拉近了彼此心理上的距离，这是第一步。

对于苏加诺总统而言，就更是这样了。他不仅有话筒、舞台、灯光带来的话语权的加持，更有他实实在在的总统身份所带来的距离感。当一位总统愿意让大家向前一步，愿意跟大家走得更近时，就自然而然地用物理上的距离拉近了彼此心理上的距离，这是第一步。

第二步是总统先生说："请大家笑一笑，因为我们面对的是一个美好的未来。"这种做法其实特别像一些演员在台上表演中的"要掌声"，是一种强行让气氛转好的方法。

你放心，当一个人做出某个行为的时候，由这个行为引发的心理活动也会同时产生。也就是说，即使观众是被强行要求鼓掌的，他们在鼓掌的那一瞬间也是心甘情愿的。即便知道自己是在总统先生的提议下开始微笑的，事实上并没有什么值得开心的事，但是学生们在微笑的那一瞬间，他们的内心也是开心的。这就是说，其实我们的行为会反过来影响我们的内心。这带来的一个显而易见的好处是，大家真的开心了起来，之前的那些尴尬气氛也就烟消云散了。

当一个人做出某个行为的时候，由这个行为引发的心理活动也会同时产生。

苏加诺总统通过两件事——向前走一步、让大家笑一笑，就把尴尬的气氛扭转成了一个非常好的气氛，观众们变得很开心、很热情。他在这样的场子里面再开始他的演讲，就没有任何问题了。

所以大家一定要记住，当我们站在台上做开场的时候，其实是在做转场。在转场时，我们一定要学会能够在情绪上先掌控场面，并且尽量在不尴尬的情况下，在对自己友好的情况下开始演讲。一个让演讲者感到舒服的、熟悉的环境，以及十分友好的观众，是最适合好的演讲生根发芽的土壤。有些人可能会说，我就是很担心，因为场下的观众都不认识我，我非常担心他们可能会怀疑我。这就需要演讲者在上场前给自己进行充分的心理建设，在上台前一定要给自己"洗个脑"，让自己打心底里相信"今天所有来听演讲的人都是非常喜欢我的人，他们对我即将说的话充满期待，每个人都是超级爱我、特别想见到我的"。只有在内心反复告诫自己这些话，才会有一个优秀的开场。

> 把自己和观众放到同一个心理层面上。

我再教大家两个小窍门。第一个方法是关于如果前一位演讲者的表现十分成功，你如何顺利控场。例如，周杰伦刚说完话你就上来了，这时观众还沉浸在周杰伦的表演中，根本不想看见你，该怎么办呢？

我的建议是，你完全可以把自己和观众放到同一个心理层面上，可以这么说：

"我好羡慕刚才跑出去的那两个找周杰伦签名的观众，

如果我不是现在要站在台上演讲，我早就已经冲出去了，我也特别喜欢他。"

这时，你表达出了自己跟观众处于同样的状态下，观众就会对你少一些反感。你也可以接着说：

"但我特别感动于那些迫于压力、迫于礼貌，留下来听我继续演讲的朋友们，谢谢你们愿意把时间交给我。接下来我想跟大家聊的是……"

通过一个非常简单的转换，你把身份定位从"周杰伦后面的演讲者"，调整成了"自己也是周杰伦的粉丝，因为不得已要发言，所以才站在这里没有冲出去要签名"。这样一来，演讲者跟观众的心理情感进行了成功的互动，同时也能把整个开场的情绪转到自己的演讲中。

我还有一个讲好开场的秘诀可以送给大家。

卡耐基曾经说过一句话："当你不知道如何打开对方心扉的时候，就从第一次开始问起。"所以，你可以问台下的观众："各位从什么时候开始第一次感觉到自己孤独？""各位从什么时候开始第一次感觉到自己老了？"

用这样的话做开场，往往能够一下子就把控住场面。在电影《飞驰人生》里，男主角曾说："成年人的崩溃是从借钱开始的。"所以我们也可以问："大家是在哪个瞬间第一次觉得中年来了、感到崩溃的呢？"

所以，无论在什么时候，都不要在尴尬的情况下开场。先把问题解决掉，再开始自己的演讲。

这些现场提问都很容易操作，而且可以快速地把大家从上一个场子的状态中抽离出来，让大家把注意力集中到你的演讲中，让你成为这场演讲的主导者。

所以，无论在什么时候，都不要在尴尬的情况下开场。先把问题解决掉，再开始自己的演讲。

如何让你的演讲开场就抓人

如何才能在演讲的开场就能抓住人们的注意力？下面我给大家介绍六种好方法。

第一种方法是互动开场法。上台之后，可以直接以提问的方式开场，但是这个问题一定要问得特别好玩、有趣。假设我是一名情感专家，我可能会以这样的方式开场：

"我先做一个小小的测试，请问在座的各位，有谁在结婚后从来没有动过离婚的念头，可以举手让我看一下吗？"

你会发现，场下观众无人举手，原来所有人在结婚之后都有过离婚的念头。这样的开场就非常有意思，这叫作互动开场法。

第二种方法是情绪开场法。你可以带着某种情绪上台，如非常开心地走上台说："我真的忍不住要笑出声来，因为我今天觉得自己好幸福。"或者你非常沮丧地走上台，说道："我今天觉得情绪非常糟糕。"带着某种情绪上台，并且用这些情绪去开场，可以使大多数观众对你产生一种好奇和疑问，他们就会愿意全神贯注地去听后面的演讲内容。

> 人们都爱听故事，你在上台时直接用故事开场，人们的注意力一定会被你吸引。

第三种方法是故事开场法。上台之后，你可以先讲一个故事，例如，"十年前的今天，我第一次来到北京……"然后展开讲故事的时间、地点、人物、细节。人们都爱听故事，你在上台时直接用故事开场，人们的注意力一定会被你吸引。

第四种方法是才艺开场法。会唱歌的人，上台之后可以先唱一段歌；会跳舞的人，上台之后可以先跳一段舞；会讲笑话的人，上台之后可以先讲一个段子。别人开场只是说话，而你是用自己擅长的表演来开场，这对观众的吸引力肯定更大。

第五种方法是道具开场法。你可以带一个特别的道具上台，比如拿一个破书包上去，然后说："这个书包我已经用了整整30年了。"这时，观众的心里就会有一个疑问："什么样的书包能用30年？"他们自然就会专注地听演讲者继续讲下去。

第六种方法是承上启下开场法。如果你听到之前的某位演讲者说了一个特别好的观点，可以立即把它记下来，用这句话作为开场。比如你可以说："刚才张老师说的那句话使我深受启发，都说……我觉得……我也想借张老师的这句话开始我的演讲。"通过这样的开场，你既称赞了张老师，又让观众觉得你是一个可以临场发挥的高手。

总而言之，以上六种方法可以帮助你在演讲一开场就抓住人们的注意力。

扫码看丽娇老师
真人演示

如何让你的演讲
开场就抓人

六种开场就抓住观众
注意力的方法

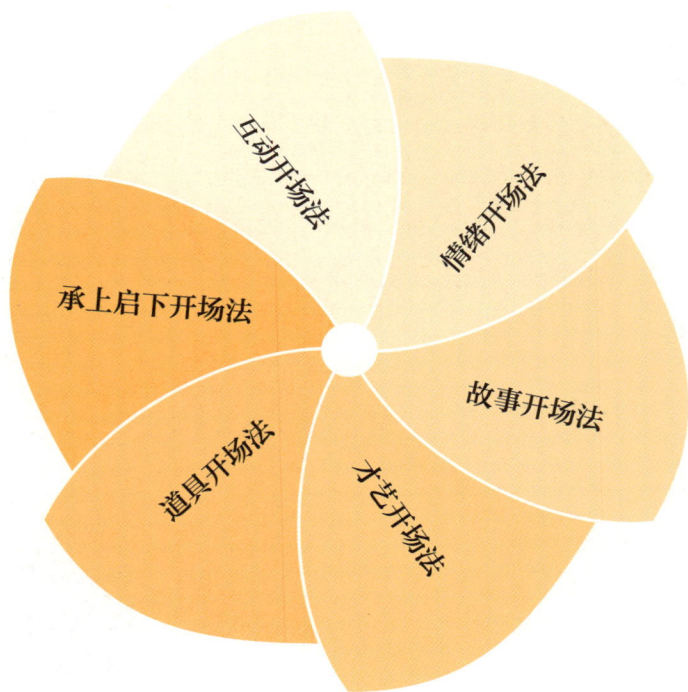

互动开场法

情绪开场法

承上启下开场法

故事开场法

道具开场法

才艺开场法

如何做好自我介绍

高级的自我介绍是什么样的

在演讲的开场，我们千万不要用流水账、个人简历式的自我介绍，因为其实没有人关心你是谁。不要一上台就说："大家好，我来自一个山清水秀的地方，我们家乡盛产……我热爱……"这时，观众往往会想：你说的这些跟我有什么关系呢？我压根儿不感兴趣呀。

> 大家想听的不是你是谁，而是"我认识你的话，能为我带来什么好处"。所以，一个好的自我介绍的公式是：痛点+价值+我是谁。

大家想听的不是你是谁，而是"我认识你的话，能为我带来什么好处"。所以，一个好的自我介绍的公式是：痛点+价值+我是谁。

例如，可以这样进行自我介绍：

"我今天想问在座的各位，你们当中有多少人特别害怕演讲？有多少人被人叫到台上，就会大脑一片空白？有多少人对演讲这件事情特别感兴趣，但是花了很多学费、找了很多老师，就是学不到演讲的要领？我是一个专业说话21年的主持人，我是一个用1小时就可以让你成为演讲高手的人，我是丽娇，特别开心在这儿见到各位。"

扫码看丽娇老师
真人演示

高级的自我介绍
是什么样的

这就是高级的自我介绍，可以让观众在一开场就记住你，并且把注意力集中到你身上。

做自我介绍时，要牢记这三句话

很多人在进行自我介绍的时候总喜欢强调"我有什么"，大多数人，尤其是那些口才极好的人，非常喜欢围绕这个话题滔滔不绝地讲，满足自己表达的欲望，而压根儿不在乎别人听了之后的感受，这往往会令人反感。

所以当你在演讲时，请牢记下面这三点，这样才能让自我介绍为演讲加分而不是减分。

第一，千万不要滔滔不绝地说那些自己身上拥有的，但对于大家来说毫无用处的信息。

第二，一定要优先说自己身上拥有的，同时对大家来说有用的信息——也就是要突出强调"我能够给你们带来什么"。

第三，最后再说自己身上拥有的，可能对观众没用，但是对于你来说最自豪的信息。

只要做到第一点，你的自我介绍就不会浪费大家的时间；做到第二点，你就提供了一个让大家认识你的机会，大家就会知道自己可以从你身上获得什么；做到第三点，就会强化你个人的价值感。

扫码看丽娇老师真人演示

学会这5种说话技巧，没人不爱听你说话

自我介绍的公式和三个原则

自我介绍 二 痛点 十 价值 十 我是谁

01 不要说自己身上拥有的，但对于大家来说毫无用处的信息。

02 要突出强调"我能够给你们带来什么"。

03 最后再说可能对观众没用，但是对于你来说最自豪的信息。

第二部分

中场篇——猪肚

第二章

讲好故事

演讲的"四个一"

让我们一起回顾一下,"四个一"指的是一个开场、一个故事、一个感悟、一个理念。对于演讲的初学者来说,掌握了演讲的"四个一",就能明白从何处着手准备一场演讲;而当一场演讲同时拥有"四个一"之后,结构就比较完整了。

> 演讲者可以把自己从故事中体悟的想法升华成理念,并把精髓分享给观众,这就是演讲者要传达出去的要点。

开场对于演讲而言至关重要,如果从一开始就能够让大家把注意力集中到演讲者身上,那就更容易展开后续的演讲内容。

无论一场演讲是长是短,故事在演讲中一定扮演着不可或缺的角色。在本书的每一节内容中,我们都选取了一些经典有趣的故事,这些故事本身就可以成为你的演讲素材。

同时我们也可以在这些故事中探讨挖掘：好的故事是由哪些要素构成的？如何把好故事完整地呈现出来？演讲者从这个故事中感受到怎样的情绪？体悟到什么道理？

最后，演讲者可以把自己从故事中体悟的想法升华成理念，并把精髓分享给观众，这就是演讲者要传达出去的要点。

上面探讨的内容就是一场演讲的完整结构，无论你是要做大型演讲还是要做小型演讲，记住上述结构就足够了。

在此我想分享一个完整的案例，这个案例是马云给公司高层做内部讲话时进行的一场演讲。演讲者在每个演讲的开场可能根据具体情境的不同，而采取不同的处理方式，在这里我们先把他的开场略去不谈。马云当时给大家讲了两个拳王对决的故事，大概内容是这样的。

拳王阿里非常厉害，曾经打遍美国无敌手，成为美国南部冠军。可是当时在美国北部有一个拳手叫乔·弗雷泽，此人在美国北部无敌手。于是，一南一北两位拳王准备进行一场对决。这场大战的象征意义非常鲜明，因为双方分别代表着南方和北方。

乔·弗雷泽赢得了第一场比赛，阿里赢得了第二场比赛，于是第三场比赛就变成了一场举世瞩目的"世纪大战"，他们两个人决定在菲律宾的马尼拉决斗。在前面八个回合中，二人都认为自己快要坚持不住了。到了第九个回合，阿里和乔·弗雷泽都说已经打不了了，但在所有人的劝说下，他们两个人还是决定再打一个回合。第九回合快要结束时，阿里觉得自己输定了，乔·弗雷泽也感到自己无法再坚持下去。关键时刻，阿里跟他的教练说："把白毛巾扔出去，我们投降吧。"可是就在教练打算要扔白毛巾时，乔·弗雷泽的教练先一秒把乔的白毛巾扔到了外面，阿里取得了这一场比赛的胜利。

马云讲完这个故事，接着跟他的下属说："我想告诉大家的是，今天我们面临的问题有很多，但是我们的对手不比我们好多少，只要我们咬牙多坚持一秒，多完善一个程序、多做一点服务，我们就会赢在那0.01秒。"

这是一场非常完整的演讲。撇开开场不谈，马云在此引用的故事非常经典，演讲传达出的感悟和理念清晰明确，那就是当你感到自己快要坚持不下去时，只需要再坚持一下，对手看似非常强大，其实可能只是纸老虎。

有的时候商场如战场，赢得最后胜利的人不一定是最强大的人，而是最能够坚持的人。这个故事本身非常经典，而且很有说服力。

> 人生其实是一场关于意志力的赛跑，有的时候不一定是看谁的爆发力更强，而是看谁可以坚持得更久。

很多经典的故事难以复制，因此大家不妨自己有意识地积累一些小故事。经典的故事之所以流传下来，正是因为故事情节太过曲折，而且扣人心弦。故事本身又因为曾经真实发生过，所以变得非常有说服力。拳王阿里的故事可以用在很多方面，我们在谈意志力、谈坚持时都能用上。我们也可以说，人生其实是一场关于意志力的赛跑，有的时候不一定是看谁的爆发力更强，而是看谁可以坚持得更久。当我们把这个故事记住之后，就可以将之运用到自己的演讲当中，进而可能使之成为演讲的点睛之笔。

现在，让我们做一件比较"刺激"的事情，在刚才的案例中，我并没有谈到开场的部分，因为我并不知道马云是怎么开场的。现在，我们不妨设身处地地想一下，如果你是马云，该如何为这段演讲加一段开场呢？这是一个开放性的问题，大家可以用自己的方式展开想象。

在此，我想运用引言中所讲的"5S"当中的"自我（Self）"设计一个开场。如果我是马云，我可能会这么讲。

大家好，我知道大家最近都非常辛苦、很累，我也一样。我们的工作到了最艰难的时候，我自己也常常被压得喘不过气。说实话，我最近一直睡得都不太好，很多人发现我瘦了。创业是一条让我觉得非常超出想象的、艰难的道路。我曾以为困难可能无外乎就是那样，在创业之前也有人跟我讲过，创业就是一个让人"死去活来"的过程，我无数次地接近那个临界点，好在我都活过来了。

而现在我知道，你们每个人都跟我一样，面对同样的压力、同样的困惑，我这几天一直在想，商场如战场，我们究竟如何成为最后的冠军？最近我读到了一个故事，我想把它分享给大家。阿里当年是美国南部的拳王，打遍美国南方无敌手。但是当时在美国北方还有一个拳王，他叫乔·弗雷泽，他们两个人都非常厉害。但究竟谁才是美国真正的拳王，大家不知道，于是他们打算进行一场"世纪大战"。

……（讲一遍前面提到的故事）

刚才的故事讲到最后，我们知道阿里赢了，他赢在哪里？他赢在无数次想放弃的时候都没有选择放弃，他赢在了对方先于他1秒放弃这一点上。

我知道大家都很累，我知道你们跟我一样，无数次地在脑海中想到要放弃。但是我想告诉大家，有的时候最终帮助我们赢得胜利的关键不一定在于我们多么强大，而是在于我们可以继续坚持。有的时候我们就是再多做那么一点点、再多坚持那么0.01秒、再多付出那么一点点的努力，可能就会成为最后的赢家。所以我希望大家明白一件事，人生是一场关于意志力的赛跑，让我们一起咬牙坚持，我相信我们一定会赢得最后的胜利！

以上就是一场较为完整的演讲。大家会发现，在这段演讲中马云带入了自我（Self），马云把他自己和所有公司高层置于同一个状态当中，从而使双方达到情绪上的共鸣。他让其他人意识到："我不是神，我知道你们压力大，我也有很大压力。"

> 开场、故事、感悟、理念最好围绕着同一个主题，当这些要素一脉相承时，就特别容易引起观众的共鸣。

接着，马云用一个故事，既说服了自己也说服了大家。这样的演讲会让大家觉得，老板不是无所不能的人，而是跟我们一样的，也有坚持不下去的时候。再加上这个故事本身足够打动人心，所以大家一定会被激励。在团队非常疲劳的时候，这场演讲就好像一针强心剂，告诫大家——当大家都要坚持不下去的时候，如果彼此能互相给一个眼神、一个鼓励，我们还可以继续坚持下去。

所以马云这一整套的演讲，其实传达出的要点在于，开场、故事、感悟、理念最好围绕着同一个主题，当这些要素一脉相承时，就特别容易引起观众的共鸣。我知道，各位读者可能还会有更好的演讲方案，我们可以经常做这样的练习——找到一个好的故事，然后把自己置于某一个场景中，想象我们自己就是讲故事的人，想象自己会如何呈现这个故事。此外，我们还可以把一个故事拆开了讲，同样是阿里和乔·弗雷泽的故事，我们还可以用悬念的方式讲它，把它讲得高潮迭起。当然，拳王阿里这个故事本身就非常吸引人，希望大家也可以将其作为演讲素材积累下来。

"煽情＋悬念" 没人能逃得过

在本节中，我想跟大家聊聊演讲过程中特别重要的一个方法——煽情＋悬念。这个方法可谓是演讲的绝招，会释放出巨大的威力。要想演讲说服人，最关键的一点在于打动人心，煽情就是打动人心的重要方式。

> 有一种比较高级的煽情方法，叫作"悬念"。

有一种比较高级的煽情方法，叫作"悬念"。演讲者一开始看似没打算煽情，观众被带着节奏一起走，而当演讲者把"底"呈现出来的时候，观众在不知不觉中就被打动了。观众就会觉得是自己心甘情愿地被打动了。

我们还是拿一个案例来讲解，这个案例的主人公是一个曾经得过脑瘤的人。她是这么来讲述得脑瘤的经历的：

大家好！我想请你们想象一份礼物，这个礼物不是很大，就像高尔夫球那样，包起来的时候大概是这个样子。（这位演讲者旁边有演示文稿，他随之展示了一张礼盒的照片。）

（然后她接着说）

在你们打开它之前，我想告诉你们，这件礼物对每个人来讲都意义非凡。这件礼物很厉害，会让你和家人团聚、和老友重逢，会让你感受到前所未有的爱和感激，你的内心将会充盈着爱和喜悦。你会重新开始审视生命是什么，会重新定义信仰。它会让你对身体产生全新的认知和感受，会让你有无可匹敌的生命力和能量。你会扩展你的语言，想去结交新的朋友，会有健康的生活方式。而最棒的是当你得到这个礼物的时候，将会拥有长达八个星期的假期，你什么事情都不用做，只要去享受美食就好了；你还会收到好几卡车的花。人们常常对你说，你看起来真棒，气色真不错，最近在做什么呢？还有，你会有吃不完的营养品，会得到新的挑战跟启发，会产生新的动力，会变得很谦虚，你的生命将会被赋予全新的含义，你会感到平和、宁静、快乐、重生。你可能要问，这个礼物多少钱？我告诉你，它价值55 000美元，你可能会接着说，太棒了，这真的是一笔很划算的买卖。你甚至可能要问我，在哪里可以买到这样的礼物呢？它是苹果公司的产品吗？在亚马逊购物网站可以买到吗？其实，这个礼物是我在五个月前得到的，我现在告诉你它是什么。

（然后这位演讲者又给大家看了一张照片，这张照片展示了脑瘤的样子。）

这就是我得到的礼物——血管母细胞瘤，一个会让你收获不断的瘤。当然，现在我已经痊愈了，我也不希望你们得到这个礼物，不希望这一切再次发生。但是无论如何，这件事情的的确确改变了我的人生。所以我想要告诉大家，万一你在人生中，不得不面对那些突如其来的意外，那么不管它是不是你想要的，你都可以把它当作一份礼物。

这真是一个绝妙的悬念故事。演讲者的高超之处在于，她把患脑瘤的遭遇当成了一件礼物，而且这其中又有着内在的逻辑关系。

老子认为福祸相依，当我们觉得自己很幸运的时候，可能有不幸正在滋生；而当我们正在面临不幸的时候，可能不幸本身也会带来好运气。所以生活就像硬币的正反面。你看，我们都懂这些道理，但是却很难在演讲中把它们生动地讲述出来。

这位演讲者就非常聪明地运用了悬念的方法。当她一开始去描述这个礼物给生活带来哪些改变的时候，描述的内容全部都是积极向上的。她甚至描述了这件礼物有多大、价值多少钱，让我们对礼物充满了期待。我们不禁会想："这是什么礼物呢？"而当我们知道谜底，发现这件礼物居然是脑瘤的时候，我们就会不由自主地感慨，这位演讲者真的非常乐观，在面对极端不幸的时候，还可以把不幸当成礼物。

> 当煽情跟悬念组合在一起的时候，的确可以迸发出更大的力量。

当煽情跟悬念组合在一起的时候，的确可以迸发出更大的力量。通过这个案例，我希望大家学到两点启示。

第一点启示是，当我们想煽情的时候，可以把悬念的手法融入煽情中，这会在揭晓谜底时带给大家一种恍然大悟的感觉。如果是按照常规讲法来讲述这个故事，一般人可能会说："五个月前我确诊了什么瘤，这是一个晴天霹雳，但是我很快就意识到这也许并不是一件坏事，因为在这个过程中朋友们都会来看我，我开始重新审视生命……"

这可能是常规的讲述不幸遭遇的方法。虽然观众也会被感动，但总会觉得差那么一点意思。所谓悬念就是先抛出一个结果或者先隐瞒一些关键信息，让人误以为演讲者真的得到了一件礼物，最后再揭晓礼物其实就是一种病。

所以，当大家讲故事时，可以隐瞒故事中的部分信息，要么选择感悟前置，要么选择结果前置，要么选择经过前置，最后再把故事的"底"交出来，通过结合煽情与悬念这两个武器，我们可以让演讲迸发出更大的力量。

第二点启示是，人们在公众场合其实都不太喜欢听到灾难、死亡、生病等负面话题，而是都喜欢听到一些积极乐观的事情。所以演讲者巧妙地运用礼物的方式把负面事物加以包装，让观众先去接受它，然后再说出真实的

煽情＋悬念＝好故事

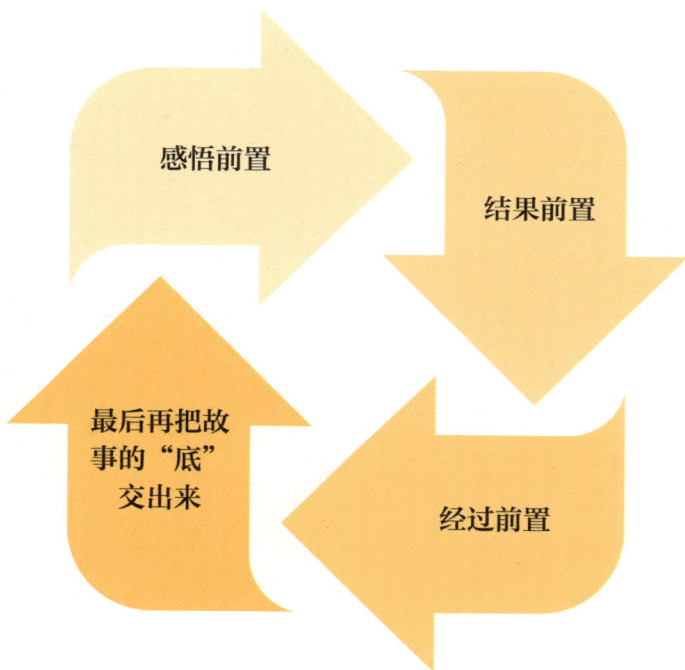

感悟前置

结果前置

经过前置

最后再把故事的"底"交出来

情况，就会大大降低观众的反感。

因此，我觉得这个案例特别适合做保险代理的朋友。很多保险从业者在工作中难以启齿，不知道该怎么恰当地告诉客户"人生中难免遭遇意外"的道理。上述故事就是一个可以帮助你去说服客户购买保险的优秀案例。你可以把这个故事讲给客户听，然后说："生活中难免会有意外发生，这个意外或许最终会成为一件礼物，但是你不需要为礼物支付高昂的费用，因为如果有这份保险，费用可以由保险公司来出。"

通过这种方式，你就能以更高级的方式说服购买保险的潜在客户。其实，这个方法也可以用在其他主题是负面事物的演讲中，我们可以给负面事物赋予一个更积极的含义，相信这会对大家有所帮助。

幽默地自嘲是破冰的好工具

本节内容要跟大家聊聊在演讲过程中演讲者迅速拉近跟观众之间距离的一种方式，即"自嘲"。

自嘲的方法非常适合活跃气氛，当你在演讲中自嘲时，观众会认为你没有任何包袱，很好玩、很有趣，是一位平易近人的演讲者。

请大家务必牢记，当我们站在演讲舞台上时，相较于台下的观众多了一项权利，这项权利叫作话语权。

我们在演讲时，都会打扮得光鲜亮丽，当这样一位各方面看上去出类拔萃、完美无缺的人站在台上并选择开始自嘲时，观众就会觉得你真是一个真诚、可爱且幽默的人。这样一来，你就迅速打破了与观众在身份上的距离感。

请大家务必牢记，当我们站在演讲舞台上时，相较于台下的观众多了一项权利，这项权利叫作话语权。此外，你之所以会站在台上，一定有自己想要表达的内容或有自己独特的身份（如业界翘楚、公司领导等），诸多因素加在一起，很容易使得台下观众产生仰视感。演讲者很难充分化解掉这种仰视感，很难让大家彻底喜欢上你。

在这种情况下，自嘲就是一种特别好的化解仰视感的方法。在此给大家讲一个很有意思的例子。

我们知道，很多男性年纪大了之后都会开始掉头发。关于掉头发，古往今来的很多男性有各种各样的幽默自嘲，最著名的那句当数葛优说的"聪明的脑袋不长毛"。还有很多男明星索性就把头发全部剃光，然后跟别人说：

"你看！我这脑袋自带光芒，停电了都不怕，有我就可以照亮一切！"

上述说法的实质都是自嘲。在美国，有一位名叫罗伯特的演说家，也总是掉头发，他曾经在自己60岁的生日晚宴上邀请了很多朋友，他的妻子觉得他秃顶的模样很不雅观，就要求罗伯特把帽子戴上。罗伯特在晚宴开场的时候进行了一段演说：

"各位，今天我太太劝我戴上帽子，可是你们不知道秃顶有多好，我可是所有人中第一个知道下雨的人呢。"

从这个案例中，我们可以学会一些自嘲的方法，就是当我们面对那些世俗眼光中的坏事时，专门挑出好的方面讲，会让我们看起来非常乐观。

关于掉头发这件事，还有一位特别优秀的作家的说法也很有趣。在一次新书发布会上，观众问他是否介意自己掉头发，作家说：

"各位可要看好了，我的头发现在价值连城，甚至都可以拿去拍卖，因为它们不断地掉，剩得越来越少，这可是稀缺资源呀。"

大家觉得这个回答特别有意思，因为作家把掉头发说成一件可以创造稀缺资源的事。

关于自嘲还有很多案例。我在广播艺术团时，曾经与冯巩老师一起演出。有一次吃饭时，冯巩老师谈到了一件发生在他身上的事。

他有一次在天津开车，一不小心停在了禁停区。交警过来后，一看到冯巩老师，顿时特别激动，说道："你不是马季吗？"

冯巩老师很尴尬，在问清楚这里不能停车后，赶忙把车开走了。

那位天津交警还追了一句："回家啦，马季老师！"

这件事情由冯巩老师自己讲出来时，会让人觉得很有意思，因为冯巩老师本身是一位家喻户晓的明星，而他自己却讲了一个别人压根儿就不认识他的故事，这会让普通人瞬间觉得自己跟明星的距离被拉近了。

我的师妹杜悦是中央电视台少儿频道的主持人。她有一次参加我们的活动，因为现在看电视的人的确不多，再加上看少儿节目的人更少，杜悦就拿这件事情自嘲了一下。

当天刚好有位妈妈带着自家小孩参加活动，但是活动开始时孩子被安排在侧厅，没有进入主厅。杜悦是这么说的：

"等到待会我介绍自己栏目的时候，希望大家能够表现出看过的样子，好不好？请你们一定要说，'原来是你呀！'要不然我会很伤心的。"

然后杜悦在介绍自己的时候说道："我是中央电视台《新闻袋袋裤》栏目的主持人。"

这时台下所有的观众都接着说道："噢，原来是你呀！"

因为她已经提前给大家打了招呼，所以大家都很配合她。杜悦接着说：

"你们演得真好、演得真像，好像你们真看过似的！其实今天现场还真有一个人是我的观众，可惜被他妈妈给关到侧厅去了。"

你看，这样的即兴表达也非常棒。首先，杜悦作为节目主持人，或多或少自带光环，但是她拿自己是少儿节目主持人、节目收视率可能不高这件事情进行自嘲，并且又说她可能只有一个观众，而这位观众被妈妈关到侧厅去了。

在这个过程中，大家一下子就觉得主持人没有架子、非常可爱。

如果你在演讲的时候觉得自己跟观众之间有距离，总觉得尴尬的气氛很难被打破，那么我想告诉你，其实自嘲是一种特别好的化解方式。

一般而言，一个卖车的销售员不会说自己的车卖不出去，一个主持人也不会主动坦陈自己的节目没有收视率，可是当他们真的把这件事拿出来说的时候，大家反而会觉得他们特别坦诚、平易近人。这样一来，自嘲就消减了演讲者和观众之间的距离感。所以大家一定要记住，如果你在演讲的时候觉得自己跟观众之间有距离，总觉得尴尬的气氛很难被打破，那么我想告诉你，其实自嘲是一种特别好的化解方式。

当然，自嘲要求你必须放下心理包袱，把心里话拿出来讲。例如，我常常在演讲课上跟我的学生讲，不要看我好像穿衣服很好看、身材很好，其实腹部也有不少赘肉。这种话会让大家觉得，原来所谓的"女神"的肚子也不小，会觉得我这个老师非常可爱、真实。由此可见，自嘲最重要的一点是置身于真实的角度，真实地呈现本人的状态。当你可以真实地自我嘲讽时，大家就会觉得你真是一个幽默而真实的人。

> 自嘲最重要的一点是置身于真实的角度，真实地呈现本人的状态。

演讲高手的秘诀之一——改段子

为什么有人可以把话说得那么精彩，那么吸引人？这是因为他们都有一个小小的秘诀，叫作"改段子"。

所以，改段子的要点主要有两个：一是要根据你所要表达的主题去改；二是尽可能地押韵，改之后的尾音要尽可能跟原话的尾音有一样的韵脚。

其实这个方法特别简单，就是针对一句广泛流传的、大家耳熟能详的话，将其"留一半、改一半"。比如，"黑夜给了我黑色的眼睛，我却用它来寻找光明"，可以改成"黑夜给了我黑色的眼睛，我却用它来寻找爱情"，这么一改，在向女友表白时就很有用。再比如，"上帝为你关上一扇门，肯定会为你打开一扇窗"，可以把它改为"上帝为你关上一扇门，肯定还会给你放出一条狗"，这说的就是世事无常的道理。同样的道理，"每逢佳节倍思亲"也可以改成"每逢佳节胖三斤"。

所以，改段子的要点主要有两个：一是要根据你所要表达的主题去改；二是尽可能地押韵，改之后的尾音要尽可能跟原话的尾音有一样的韵脚。这样改段子的好处在于，可以让表达变得非常幽默巧妙，而且让演讲有记忆点，朗朗上口。

扫码看丽娇老师
真人演示

演讲高手都懂但
不会告诉你的秘
诀——改段子

第三章

讲好主题

用好自带光芒的词

在本节内容中，我想要告诉大家的是，有一些词语是自带光芒的。你会发现，有一些人一开口说话就会让观众兴奋激动到起鸡皮疙瘩，这是因为他会运用一些"自带光芒"的词。在此，我选择两个案例与大家分享。

有一些人一开口说话就会让观众兴奋激动到起鸡皮疙瘩，这是因为他会运用一些"自带光芒"的词。

第一个案例是一位名叫伊迪丝·威德的研究生物发光体的专家的演讲，他在演讲中，想要告诉大家他为什么研究生物发光体，他是这样说的。

我想带大家到外星世界去旅行。

这不是一场用光年计算距离的旅行，但我们的目的地是一个全是光的地方。

在那里，还不太有人懂得欣赏海洋里大多数会发光的动物。

我之所以用大部分职业生涯去研究生物发光的现象，是因为我知道这会成为理解海底发光生命体的关键。

自从我第一次用深海潜水艇开始下潜，我就深深地对生物发光感到着迷，并最终成为一名生物发光体的上瘾者。

在深入海底并关灯的那一刹那，我看到了焰火般的演出。

接下来，我会还原自己潜水的经历，并试着用演讲的方式与大家分享。

在这段演讲中，你会发现自己在某个地方有种要起鸡皮疙瘩的兴奋感。具体而言，是在他谈到在海底把所有的灯都关掉的那一刹那，他用了一个短句——"焰火般的演出"。听到"焰火般"这个词时，大家脑海中一定会有画面闪现出来。

在电影《阿凡达》中，詹姆斯·卡梅隆就曾经展示了各种各样的发光体。大家大概能想到，那必然是一幅从来没有见过的、专属于深海的图景。

伊迪丝·威德没有选择用常规方法描述这段经历，他没有说"我看到这里有闪着绿光的水母、那里有发着光的珊瑚"等，他只是说看到了焰火般的演出，就瞬间让观众有了画面感。此外，他还谈到了一个词，他自称是"一名生物发光体的上瘾者"。所谓"上瘾"，就是虽然很想戒但怎么都戒不掉，如果有哪一天没有去深海下潜，就会觉得自己浑身上下不舒服。通过这个词，观众就会明白，他深爱着自己的事业。

> 这就是语言的魅力，有一些词是自带光芒的，我们要注意积累和学习。

我们很多人都会在演讲中强调，自己深爱着一个人，或深爱着一份事业。但是这种话观众听得太多之后，就难以再被打动了。例如，当跟女友表白时，如果你对她说："我深深地爱着你，我会为你付出我的生命。"对方可能会觉得太过老套、没什么新鲜感。但如果你对她说："你就是我的瘾，我戒都戒不掉。"对方就会觉得非常心动。这就是语言的魅力，有一些词是自带光芒的，我们要注意积累和学习。

下面再跟大家分享一段奥巴马的演讲。当时美国正面临严重的经济危机，于是奥巴马就通过电视发表演讲，里面有一段演讲词是这样的。

今天我要告诉你们的是，我们所面临的挑战严重、真实而繁多。

这些挑战不会轻易或者在短时间内被克服。但是我们要记住一点，美国终将渡过难关，在重申我们国家伟大之处的同时，我们深知伟大是需要通过努力去争取的，而从来都不是上天赐予的。

我们的成功属于风险承担者，属于实干家和创造者，不属于那些胆小怯懦、享受安逸或追逐名利的人。

正是那些勇于承担风险的实干家和创造者带领我们走过了漫长崎岖的旅途，带领我们走向富强和自由。

这就是美国，在这艰难的寒冬里，面对我们共同的危机，让我们时刻牢记那些不朽的字句。让我们怀着希望和勇气，再一次冲破结冰的逆流，迎接任何可能来临的狂风骤雨，让我们的子孙传唱，当我们面对考验时，我们拒绝结束我们的旅程，不回头、不踟蹰。

我们在上帝的关爱下眺望远方，我们带着自由这个伟大的礼物，将它安全地传递给未来的世世代代！

在这段演讲中，我们也看到了一些自带光芒的词。例如，在"美国终将渡过难关"这个句子中，"终将"一词就自带光芒。在口语化表达中，我们倾向于说"我们最终会渡过"或"我们最终一定会渡过难关"，但这些表达都不如"我们终将会渡过难关"亮眼。

再如，在"我们深知"这个句子中，"深知"就是自带光芒的词。无论是"我深深地知道""我很清楚""我们明白"，还是"我们知道"，都不如"我们深知"更能打动人心。

又如，他说的"冲破结冰的逆流"，不仅仅是逆流，更是结了冰的逆流，这其中的风险、艰难和挑战可想而知。

最后，"我们拒绝结束我们的旅程，不回头、不踟蹰"，就是说我们本可以不必选择一条更难走的路，但是我们选择了就要坚持。这本身对于观众来说就是一种激励。还有就是"让我们带着自由这个伟大的礼物"这句话，"自由""伟大"其实都是自带光芒的宏大词语。

当大家读到这里时，可能会非常认可自带光芒的词语，但我们在自己的演讲中如何去寻找这种词语呢？在这里，我教给大家几个方法。

一种方法是比喻，我们可以把困难比作结了冰的逆流，然后想象此时此刻的困难是怎样的，再把描述困难的词用到当下的这件事情中。

还有一种方法就是拟人，苹果的创始人乔布斯曾经形容一款产品说：

"这个产品真的是太性感了。"

"性感"一词在这里就自带光芒。乔布斯运用了拟人的手法，把产品比作爱人，而爱的感觉是共通的。例如，"我太喜欢这个屏风了，在我眼里它很性感，有一种充满线条的肌肉感"。从这些话语中人们不难体会出，我好像对屏风产生了一种爱怜的情绪，我为它着迷，而这种情绪可以引起大家的共鸣。

所以，大家要去寻找那些自带光芒的词，第一种方法是依靠想象，把从其他空间带来的想象放到这件事物上；第二种方法是依靠拟人。

所以，大家要去寻找那些自带光芒的词，第一种方法是依靠想象，把从其他空间带来的想象放到这件事物上；第二种方法是依靠拟人。此外，还有一些歌词也非常棒，如《平凡之路》的歌词写道：

"我曾经跨过山河大海，也穿过人山人海。"

那种迷茫着、骄傲着、痛苦着的孤独的自由感，我们都可以在这首歌里准确找到。因此，我们也可以通过多看、多听的方法积累这些自带光芒的词语，并大胆地将其运用到演讲中。一旦拿出这些词来，你就会惊喜地发现，演讲立刻充满光芒。

玩转数字

在本节内容中，我想和大家讨论一下"玩转数字法"。

在演讲过程中，我们不可避免地会用到数字。我们在介绍日期的时候会遇到数字，在讲述自己经历的时候会用到数字，就连年龄也是一个数字。

> 想要在演讲中把数字突出出来，其实非常简单，就是但凡遇到数字都要着重强调。

在讲授演讲方法时，我总会跟学生讲，想要在演讲中把数字突出出来，其实非常简单，就是但凡遇到数字都要着重强调。例如，我今年39岁，我是一个7岁孩子的妈妈，关于专业说话这件事我干了整整21年。我们可以看到，把这些数字强调出来时，数字本身就会被赋予一些意义。

在本节内容中，我将会教给大家三个方法，帮助大家玩转数字。

第一个方法就是数字强调法。前一阵子，我的一位学员拿到了他们集团内部的年度销售总冠军，需要在冠军颁奖仪式上发表演讲。我在与他接触的过程中发现，"3"这个数字特别频繁地出现在他的从业经历中。例如，3年前的3月31日，他们公司的第一款产品问世了；在问世之后3个月，公司创始人找到他，问他愿不愿意加入。他在这个公司做了3年，第一年的业绩是十几万，第二年的业绩是100万，第三年的业绩就到了大约300万。后来我告诉他，道家认为"一生二，二生三，三生万物"，而"3"本身就是一个契机，所以可以结合"三生万物"进行联想，把这一内容变成他与这个品牌的一种连接。

于是在演讲中，他很多次地提到了"3"。他是这么说的。

在3年前的3月31日，我们的第一款产品上市。

3个月之后，创始人找到我，我深思熟虑之后加入了这个品牌，目前已经在公司奋斗了3年。

我在为准备今天的冠军演讲而回顾过去时才发现，原来我跟公司之间居然有这么多神奇的"3"。

"3"是什么？

道家认为"一生二,二生三,三生万物"，通过"3"，我们可以拥有无限的可能和未来。

> 我们可以在自身经历中找到某一个数字，并且找到这个数字与自己的关联。

我把这样一段话放到他的演讲中，结果大获成功。

这个故事的启示在于，我们可以在自身经历中找到某一个数字，并且找到这个数字与自己的关联。

你可能会问，如果没有那么多关联该怎么办？如果你在这个地方只干了两年而不是三年，不妨想一想是不是可以转化为23个月，总之你要在自身经历中尽可能多地找到与数字的连接和联系。此外，大家不需要纠结具体的日期，不必困在那些只有我们自己知道的信息里，只要大方向没有什么问题、传达信息的准确度无伤大雅即可。这就叫作数字强调法，希望大家可以把这个方法用到自己的演讲中。

第二个方法叫作用数据说话。有一类演讲者会陷入"专业主义"的泥淖，他们希望自己的演讲看起来既专业又权威，于是会引用一些数据。但是大家一定要注意，枯燥乏味的数字堆砌与有生命的数字完全是两个概念。数字本身是没有任何意义的，只有在进行比较的时候，数字的存在才有意义和价值。例如，1万元跟1分钱相比显得非常多，但跟1亿元相比就不值一提了。

所以当我们用数据说话的时候，一定要学会把数据放到特定情境之下去对比。给大家举一个例子，有一个保险经纪人希望通过演讲提醒大家要正视死亡，他是这样介绍的。

大家一定要注意，枯燥乏味的数字堆砌与有生命的数字完全是两个概念。数字本身是没有任何意义的，只有在进行比较的时候，数字的存在才有意义和价值。

让我们来谈谈死亡这件事情。

我们每个人都很清楚，万物归于消亡。说实话，我一直犹豫要不要对这么一群如此充满活力的人谈及死亡这个话题。

但是俗话说："真相会给你自由，但是首先会让你难受。"

今天就让我们一起鼓起勇气，正视一个可能会让你觉得难受但却会给你自由的真相！

首先，我们所有人都将死去。

据调查，每八个人中就有一个人认为自己会长生不老，不幸的是这根本不可能发生。

就在接下来我演讲的十分钟里，我身体里的1亿个细胞将死去。

就在今天，我有200个脑细胞将不可逆转地死去。可以说，死亡这件事情贯穿在我们的日常生活中，每分每秒都在发生。

他用了一些数据对比来告诉大家，死亡司空见惯，它时时刻刻都存在于我们的生命当中。数据对比会让人们觉得他的演讲非常有说服力。

还有一个很有意思的地方，就是这些数字是我们大家从来都没有在意过的细节，他用数字的方式将真相直白地呈现在大众面前，使数据变得非常有说服力。

循着这样的思路，我们再发散思维去想，其实在我们生活中有很多科学家在研究数字。婚姻当中有七年之痒，我们身体里面的细胞在七年之中会全部重新更新一次……当我们用数字思维的方式

> 当我们用数字思维的方式去观察世界时，我们会发现这个世界处处都是数字，而且这些数字都很有意义。

去观察世界时，我们会发现这个世界处处都是数字，而且这些数字都很有意义。让我们学习这种数字思维的方式，并将之带到演讲中，这会使你的演讲与众不同。

第三个方法是根据场景需要，对数字活学活用。

有一年我回东北老家的时候，我舅舅就说：

"你今天回来的日子是6月6日，你上一次回家是6年前的6月6日，你刚才走进这个房间的时间是晚上的6点16分。"

我当时觉得我舅舅太有才了，而且非常细心，让我特别感动。感动之处在于，他居然清楚地记得我上一次回家的时间和踏进饭店的时间。

我舅舅接着说：

"你看这多么巧，你在北京发展得真是六六大顺，来，舅舅敬你一杯，祝你未来的前程能够继续一路顺！"

听了这一番话，我当时完全被舅舅感动到了。但是到了晚上回家一想，我上次回家的时间并不是6年前的6月6日，我到饭店的时间也未必真的是晚上的6点16分，舅舅也许只是拿"6"这个数字做了文章，他本人实在是个演讲高手。

如果你在饭局上，发言的目的只是为了给大家助兴，那么当时达到了目的，其实也就足够了。

玩转数字的三个方法

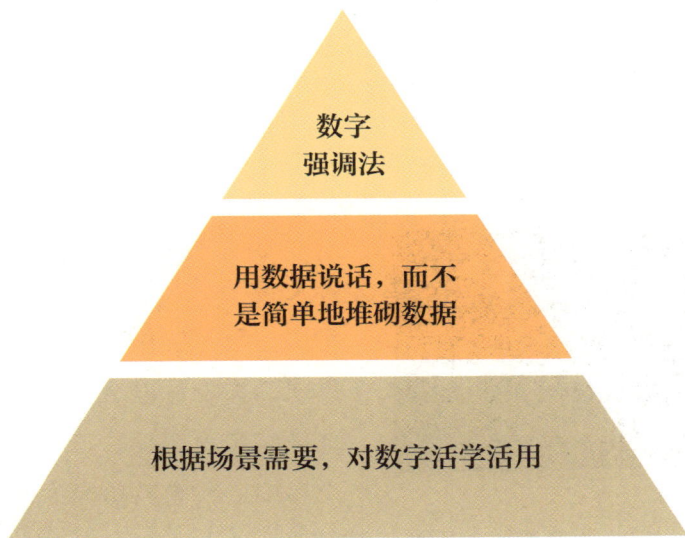

数字
强调法

用数据说话，而不
是简单地堆砌数据

根据场景需要，对数字活学活用

聚焦在一个词上

本节内容主要想告诉大家，在演讲当中其实得一词足矣。演讲最核心的一点在于通过运用各种方法和手段，把中心思想流畅地表达出来。所以，演讲最重要的是"聚焦"。演讲时千万不要啰唆，不要说着说着就跑偏了，忘了自己的主题到底是什么。

> 演讲最重要的是"聚焦"。演讲时千万不要啰唆，不要说着说着就跑偏了，忘了自己的主题到底是什么。

因此，在演讲中很重要的一点就是不忘初心，无论你觉得当下要说的话多么重要，只要它偏离了中心思想，你就可以毫不留情地把它全部删掉。在本节内容中，我想教给大家一个有效做到聚焦的方法，就是"得一词足矣"，也就是要在演讲中把一个词的文章做足。

我还是举一个发生在乔布斯身上的例子。

特别有意思的一点是，其实乔布斯不是一个优秀的演讲者，我观摩过乔布斯的很多场演讲，发现只要不讲与苹果公司相关的事情，他在一些重要的演讲场合就完全是照着稿子念，而且念得也并没有什么吸引力。

显然，乔布斯不是演讲的高手，但他是思维的高手。乔布斯总能够用最简单的、最抓人心的方法，把他想要说的事情给表达出来。乔布斯曾经在介绍苹果这个品牌的创意时说了这样一段话。

"苹果"这个名字预示着无限的创意和可能性。

苹果能够让人产生各种各样的联想，在最早的伊甸园里，夏娃正是偷吃了智慧树上的苹果，才完成了人性的启蒙；

约翰尼·阿佩尔熙德是第一位在美国大规模种植苹果树，并带来大丰收的传奇人物；

披头士的唱片公司也叫苹果；

苹果砸到了牛顿的头上，从而碰撞出伟大的思想火花。

他讲了这么多，其实都在讲这一个词——"苹果"。如果你是一名"果粉"，就会发现"苹果"还有其他的寓意，如苹果是一种物美价廉的水果，它的性价比很高；苹果原来还是一个禁果；苹果意味着艺术；苹果还可以意味着创造……

乔布斯通过这样一番话，把苹果跟这些符号相连接，展示出了苹果的更多含义，他把苹果跟启蒙画了等号、跟传奇画了等号、跟艺术画了等号。所以，当你不知道该如何站在台上做演讲时，这个方法很有用——尽量把一个词的文章做足就可以了。

你可能会问，该从哪里找这个词呢？其实，任何地方都可以找到这个关键词。

在我的一次演讲课上，有一位姓马的女孩就把"马"这个字的文章做足了。她说：

"大家好，我姓马。在我的人生中，马这个字真的是很重要。我特别喜欢骑马，我最近还准备去参加一个很专业的马术比赛；我最喜欢的汽车品牌是宝马……"

她当时说了很多跟马相关的东西，全面介绍了她的兴趣爱好、性格特点，也让大家对她的姓氏印象深刻。

那么，如何去培养这样的思维呢？其实我们可以随时随地进行练习。例如，现在我们就可以谈谈衣架，把衣架跟演讲课程联系在一起，你可以这样说：

"其实当没有衣服的时候，一个空荡的衣架看起来很无趣，但是没有衣架的话衣服挂在哪里呢？其实演讲也是一样的，我们要让我们的演讲变得丰富多彩，就需要在演讲的骨架上运

> 把那个属于你的关键词拎出来，然后不断地做足它的文章，就可以形成属于自己的、独一无二的演讲。

用各种各样的方法，如玩转数字法、幽默地自嘲等。我们只有在同一个衣架上换不同的衣服并展现给大家，在同一个骨架上不断丰富内容，我们展现的才会是一篇有意思的演讲。"

这样的练习可以让我们随时随地抓取身边的元素，并把它做成文章。

此外，希望大家可以培养一种"演讲产品"的思维，不妨回想一下在你的个人履历、人生观和价值观中，有没有哪些东西可以用一个词表示，把那个属于你的关键词拎出来，然后不断地做足它的文章，就可以形成属于自己的、独一无二的演讲。

少说比多说更重要

本节内容主要讲一讲"演讲当中的减法"。

当我们刚开始享受在人前表达的过程时，往往会成为自说自话、滔滔不绝的演讲者，完全无视受众的感受和心理节奏。所以，如果主办方预备的是10分钟的时间，麻烦你按9分钟去准备；如果人家预备了5分钟，你就按3分多钟准备即可。

为什么会这样呢？我们在家里练习的时候，没有任何的观众互动，演讲节奏很紧凑。但是当我们来到现场，往往会因为场地的限制、各种鼓掌而被打断进程，或者需要跟台下观众进行一些眼神交流，这些其实都会占用演讲时间，而且语速也不自觉地会根据人数而适当放慢。所以如果你起初准备的时间是刚刚好的话，到现场之后势必会拖时间。而当你超时的时候，观众就会把关注点放到超时这件事情上，进而听不下去后面的内容了。所以，我要提醒大家的是，少说其实比多说更重要，在演讲中一定要学会做减法。

要给演讲做减法，我们可以做一些针对性的练习。例如，先准备一段1分钟的演讲，然后思考如果需要把它缩减为一半的长度，要去掉什么、留下什么，然后再不停地删减，直到只剩下30秒的时间把这件事情说清楚。久而久之，大家就会明白，如何做一场干脆利落的演讲，如何精准去除那些不必要的冗余信息。

少说其实比多说更重要，在演讲中一定要学会做减法。

有一位我非常欣赏的同行，他在所有公众表达中的用词都非常精准，而且没有任何"水词"。水词也叫口头禅，很多人会在公众表达中出现一些毫无意义的口头禅，如"然后呢""接下来呢"。希望大家学会把这些毫无意义的语气词全部都去掉，就好像演讲是一块含水的海绵，你需要不断地把水分挤掉、再挤掉，最后留下一块最有质感的海绵，这就是演讲的精髓。

还有一个案例要分享给大家，就是美国前任财政部长到南卡罗来纳州大学对该校学生做的演讲，他是这样说的。

大家好！我的生母是个聋哑人，没有办法说话，我不知道我的父亲是谁，也不知道他是否活着。

我这辈子找到的第一份工作是到棉花田里去做事。

你们要记住，如果情况不如意，我们可以想办法加以改变。

就好像演讲是一块含水的海绵，你需要不断地把水分挤掉、再挤掉，最后留下一块最有质感的海绵，这是演讲的精髓。

一个人的未来是什么样，不取决于运气，也不取决于环境因素，更不取决于你出生的家庭。

如果你想改变眼前的这些不如意，你只需要问自己一个非常简单的问题——我希望我变成什么样？

然后全心地去投入，采取行动，朝着目标前进。

我的名字是阿济·泰勒·摩尔顿，今天我以美国财政部长的身份站在这里。

这个演讲非常简短，可能连三分钟都不到，这段内容其实是成功人士回到母校做演讲，告诉大家他的出身是怎样的，他经过怎样的努力，最后取得了这样的成功。

我在本书开头讲过演讲有"四个一"：一个开场、一个故事、一个感悟、一个理念。但是这位财政部长采用了非常简练的方式，直接用一个故事，然后直接加上他的理念，最后给到大家一个观点，非常简单利落。

特别是他在叙述自己不幸出身的时候，只用短短三句话就让大家知道了他出身凄惨。

他既没有讲自己具体有多惨，也没有讲童年遭受过什么样的歧视、虐待、欺凌、不公的待遇，而是选择用简短的几句话，就勾勒出他的童年状态。

其实，他本可以选择用其他方式讲述自己的故事，如关于童年这一段，他可以讲自己上学时怎么去努力奋斗，如何考取这个大学和专业，毕业之后如何一步步坐上了美国财政部长的位置……

但他没有具体去说，而是让我们通过他的演讲去想象。即使你不知道具体发生了什么，也会在听完他这段演讲之后，立刻搜索一下他的履历。也就是说，最优秀的演讲并不一定要在现场把观众应该知道的所有信息都和盘托出，也可以先吸引观众的注意，让大家在演讲结束后再去了解演讲者的生平、琢磨演讲者想要传达的东西，这就使观众变成了主动从演讲者身上获取信息的人，这其实是一个更高明的演讲手段。

此外，这位部长运用了结果后置的方法，在演讲的结尾，先阐明人生感悟和原则，然后再强调他的身份，从而传递出强有力的信息——你们的未来跟家庭出身没关系，只要扪心自问自己想成为什么样的人，然后去投入、去行动就好了。

这部分的励志阐述在这里就变得非常重要，因为部长是在以成功人士的身份告诉孩子们他的人生哲理。

当然，如果你被要求回到母校进行一个长达一二十分钟的演讲，自然可以在里面讲更多的故事，但是这些故事不应是流水账式的堆砌，它们依然要遵从我在本书前面章节中教给大家的一些原则，让每一个故事都有它的代表性和闪光点。这是我们应该从这位部长的演讲中学到的东西。

我们都听说过麦肯锡公司著名的"电梯演讲"的故事。

麦肯锡的一名咨询顾问在电梯里碰到了某个企业的董事长，两人共处一室的时间只有30秒。董事长问了他一个问题：

"你对我们这家企业有什么样的建议吗？"

顾问因为时间实在太短、完全没有准备，并没有在30秒时间里把他的观点和想法完整准确地说出来，于是使麦肯锡公司失掉了一个业务机会。

用精准的语言在极短的时间把诉求说出来，是对演讲者要求很高的一件事。所以大家一定要记住，最优秀的演讲者并不是站在台上滔滔不绝，而是无论给你多长时间，都能把自己要表达的意思准确、精准、形象地传达出去，这才是最厉害的。

我希望大家回去之后多做练习，精简语言、牢记中心思想，然后不断地缩减演讲内容，最后将其缩减到30秒，看看你在30秒时间里是否能够准确地说出你的诉求。

很多专业内容或多或少存在一些固定话术，我觉得这不是什么坏事，但是希望大家不要成为话术的"奴隶"。也就是说，你至少应该有一版时长为30秒的演讲方案，当你的客户只给你30秒的时间时，你依旧能够准确地打动他——这才是演讲的高标准、高要求。

总之，不是说得越多越好，有时少说反倒会更有力量。

对比是一种演讲思维

本节跟大家来说说对比。

> 当对比足够强烈和突出时，通过对比呈现出来的说服力和感染力的效果就会非常惊人。

对比是演讲中常用的一种方法。当我们想要去强调一件事情时，如我们想要形容某样东西很大，一般会有三种方法。一是直接陈明它的数据，如直接说此物长1米、宽1米；二是借助对比的力量，如说现场某一个大物件的长宽才各50厘米，从而凸显出我们想要描述的东西很大；三是借助语气的力量，通过语气强调出来它特别大。其中最实用的一种方法就是对比的方法。当对比足够强烈和突出时，通过对比呈现出来的说服力和感染力的效果就会非常惊人。

我们在之前的章节中已经讲述过很多关于对比的例子，接下来，我想讲一个非常经典的例子，借助案例告诉大家应该如何运用好对比的力量。这是奥普拉·温弗瑞在获得奥斯卡终身成就奖时发表的一段关于"我也是"运动的演讲。

在演讲的最开始她就采用了大量的对比手法，一下子就把大家拉到了她想要呈现的画面当中。请大家先想象一下奥普拉·温弗瑞的形象，她是一个很大块头的明星。台下的各位也都是世界上十分著名的影星，大家对她的演讲致以热烈的掌声。温弗瑞的演讲内容如下。

1964年，那个时候我还是个小女孩。

我当时住在我妈妈在密尔沃基的房子里，坐在一张布满脏东西的油毡纸上，我正在观看第36届奥斯卡颁奖典礼。

安妮·班克罗夫特在颁发最佳男主角的奖项，她打开了信封，说出了几个字，创造了历史。

她说：

"获奖者是西德尼·波蒂埃。"

我还记得，那是我在舞台上看过的最优雅的人，他的领带是白色的，他的皮肤是黑色的，我从来没有见过这么多的人因为一位黑人的成就而庆祝喝彩。

我尝试过很多次，想去解释那一刻对于一个女孩来说意味着什么。

这个小女孩坐在铺着脏油毡纸的地板上，看着她妈妈从门口走进来，她的妈妈因为帮别人打扫屋子而疲惫不堪，但所能做的只是引用西德尼在《田野百合》当中的台词："阿门！阿门！"

1982年，西德尼获得了"金球奖终身成就奖"。

而今天，在这一刻我获得了终身成就奖，我知道电视机前一定有很多的小女孩正在看着这一幕，就像当年我被激励一样。

在这段演讲当中，奥普拉·温弗瑞运用了大量的对比。她首先用了时空的对比，她提到"1964年，那个时候我还是个小女孩，我当时住在我妈妈在密尔沃基的房子里，坐在一张布满脏东西的油毡纸上"，大家注意"油毡纸"一词就表明她的家境并不富裕，生活拮据。

她坐的不是地毯而是很脏的油毡纸，她当时正在观看奥斯卡颁奖典礼，历史上第一位黑人影星拿到了奥斯卡影帝。然后她提到"他的领带是白的，他的皮肤是黑色的"，白色的领带和黑色的皮肤又是一个对比。

而电视里那位光鲜亮丽的黑人影帝，跟坐在油毡纸上的黑人小女孩又是一个对比。

> "在这一刻我获得了终身成就奖，我知道电视机前一定有很多的小女孩正在看着这一幕，就像当年我被激励一样。"

这个时候她的妈妈疲惫不堪地从门口走进来，疲惫不堪的黑人妈妈跟电视机里面那位跟她年龄相仿的、非常成功的黑人影帝又形成了一个对比。

最后，奥普拉·温弗瑞说："在这一刻我获得了终身成就奖，我知道电视机前一定有很多的小女孩正在看着这一幕，就像当年我被激励一样。"

电视机前的那些黑人小女孩跟如今功成名就的奥普拉·温弗瑞又成了一个对比，而这一刻又跟1964年的小女孩在电视里看到一个黑人拿到奥斯卡影帝那一刻成为一个对比。

这场演讲实在是巧妙极了！当我们去观看这段演讲时，很多人还认为奥普拉·温弗瑞进行的是一场即兴演讲。

其实，这不仅不是她的即兴表达，而且还是她非常认真准备的一件演讲作品。在这件作品中，我们看到了大量的对比，而这些大量的对比所形成的那种动人心魄的奇妙感觉，那种美感，那种影响力是惊人的。所以，我们可以在演讲中用对比去突出自己想要表达的意思。人生本来就是一个二元的世界，如果没有爱也就没有恨，没有恨的话也就很难知道究竟什么是爱。所以我们需要通过对比，去表达内心所想，这一点非常重要。

对比的方法有很多，无论是情绪的对比、人物的对比、环境的对比、时间的对比还是空间的对比都可以拿来使用。

再给大家举个例子，雷军曾经在小米内部会议上讲述了小米公司一位工程师的故事。这个工程师曾经混得很差，女朋友也因为他的境遇而选择分手。但是命运弄人，有一次工程师急匆匆地进电梯办事时，居然在电梯里见到了他的前女友。雷军是这么描述这一幕的。

电梯门打开，这个工程师匆匆走进去，他看到自己的前女友居然也在电梯里！

那是一个全身上下穿着香奈儿的套装，手里拎着爱马仕包，浑身散发着高级香水味道的女性。

然后他看看自己，从自己二十几块的帆布兜里面拿出手机，假装接电话，又匆匆从这个电梯里逃出去。

两个人在电梯里面相遇，曾经的恋人与现在的陌路人形成对比；香奈儿的套装、爱马仕的手袋、浑身散发出来的高级香水跟二十几块帆布兜里面掏出来的小米手机也是一个对比。这些对比是同时不同运的对比，这些对比就会让人觉得非常巧妙。

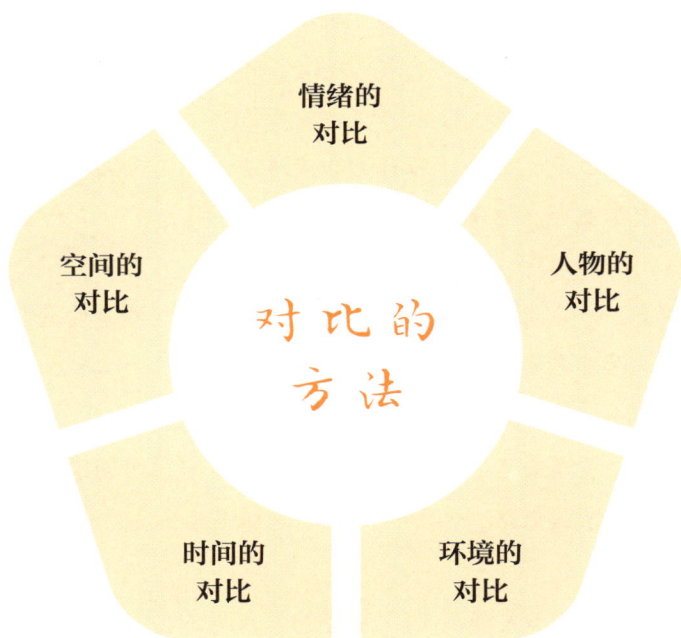

情绪的
对比

人物的
对比

对比的
方法

空间的
对比

时间的
对比

环境的
对比

之所以说对比很有力量，正是因为我们演讲的目的是为了引人思考。所以，演讲者要做的事情是尽可能地带着大家一起思考，演讲要先达到思维的共鸣，最终才能够达到情感的共鸣。希望大家在以后的演讲中好好设计演讲细节，设计时不妨采用对比的方法，对比真的会让演讲迸发出超乎想象的化学反应。

扫码看丽娇老师
真人演示

三招让你的演讲
打动人

第四章

讲出令人难忘的观点

标新是立异的好方法

我们现在已经知道，一场演讲从头到尾只需要做一件事，那就是尽全力吸引观众的注意力。从我们站在台上开口说话，到走下台之前，我们希望观众所有的目光和注意力都不要从我们身上移开，我们运用的各种方法也都是为了这个目的服务的。

> 每个人都会对新知识、新内容、新思想、新角度感兴趣，观众一定希望从我们的演讲中听到一些新鲜的观点。

在此，我再教大家一个方法，叫作"标新是立异的好方法"。每个人都会对新知识、新内容、新思想、新角度感兴趣，观众一定希望从我们的演讲中听到一些新鲜的观点，这也是为什么新闻节目一直到现在都经久不衰的原因。所以你一定要想明白，为什么是你在台上说、观众在台下听。

只有解决了这两个问题，我们才会知道自己的演讲要去讲什么、去准备什么。标新就是一个很好的方法，也就是说，你的演讲可以给观众带来新知识、新内容、新思想、新角度。下面我会告诉大家，如何通过标新给观众带来新鲜的感觉。

我们还是先来看一个案例。这个案例是马云的一次演讲，演讲题目叫作《爱迪生欺骗了世界》，演讲内容如下。

你一定要想明白，为什么是你在台上说、观众在台下听。

很多人都记得爱迪生有一句名言：

"天才是99%的汗水加上1%的灵感！"

大家都被这句话误导了一生，勤勤恳恳奋斗，最后却碌碌无为。

其实，爱迪生只是懒得去解释他成功的原因，就编出这么一句话欺骗大家。

其实很多重要的发明和创意，都是因为发明家太懒才想

标新的方法

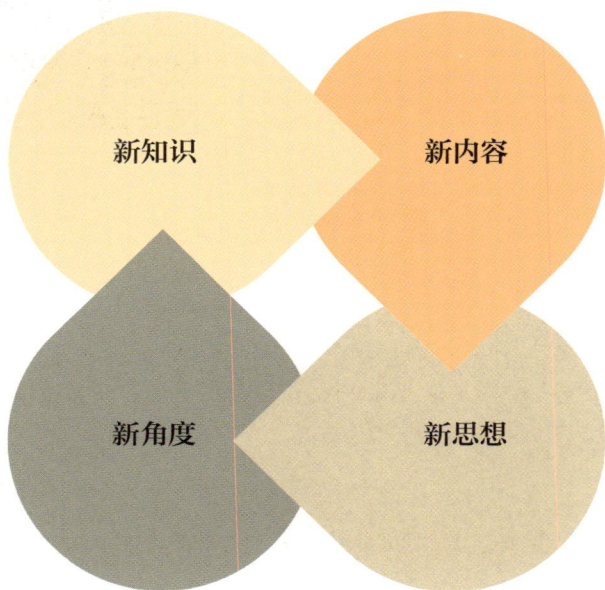

新知识

新内容

新角度

新思想

出来的，他们的出发点并不是勤劳。

例如，人们正是因为懒才发明了电梯，正是因为懒才有了外卖。

马云认为，"天才是99%的汗水加上1%的灵感"这句话骗了大家。这句话是爱迪生说的，所以他说爱迪生骗了大家。

我们再回过头来看这段演讲，会发现它其实非常有意思，马云只是用了一个标新的说法去立了他的"异"，而他立的这个"异"事实上跟标新的说法并不矛盾。

我们听了他的解释之后，当然都明白了他想表达什么意思，但马云并不是不让大家勤劳工作，而只是在演讲中强调了创造性思维的重要性。他试图告诉大家，不要当一天和尚敲一天钟，而是要在敲钟的时候想一想，这个钟为什么响，以及为什么要去敲它。

马云的这段演讲与著名的营销顾问西蒙·斯涅克的黄金圈理论有异曲同工之妙。

西蒙·斯涅克的黄金圈理论

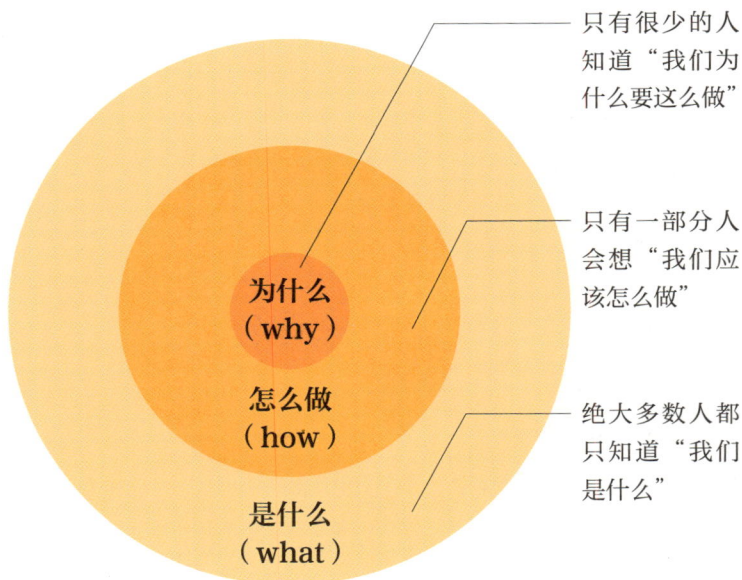

只有很少的人知道"我们为什么要这么做"

只有一部分人会想"我们应该怎么做"

绝大多数人都只知道"我们是什么"

为什么
（why）

怎么做
（how）

是什么
（what）

黄金圈理论把人们认识事物的过程用不同层次的三个同心圆来表示，最里面一层是"为什么"（why），中间一层是"怎么做"（how），最外面一层是"什么"（what）。西蒙·斯涅克认为，这个世界上之所以有二八理论，之所以卓越的人占比很低，就是因为绝大多数的人都只知道"我们是什么"，只有一部分的人会想"我们应该怎么做"，而只有很少的人知道"我们为什么要这么做"。

> 很多古语、俗语里面都有可以重新解读的地方。

基于此，善于提出"为什么"的那些人才能够成为最后成功的人。

马云站在所有人的对立面，所以我们当然想听听爱迪生是怎么骗了我们的。这是一种标新立异的好办法。其实去细细琢磨，你会发现很多古语、俗语里面都有可以重新解读的地方。

例如，前一阵子我看了一部电视剧，女主角说让中国女性"忍辱负重"就特别不合适。

我可以"负重"、可以承担压力和责任，但是为什么要"忍辱"呢？

别人侮辱了我，我还得忍着，这又是为什么呢？

你看，当我们把固有认知的东西拎出来并且重新解读的时候，真的会引发大家的思考。

> 对妈妈的话要选择性听取，如果完全照搬，你可能会"活成你妈妈的样子"。

当然，这个跟大家平时的积累和思考有关，你在读完本章内容之后，可以把大家耳熟能详的成语、俗语、谚语、名人名言拿出来挨个研究，你会慢慢地发现这里面有一些观点是可以拿来重新解读的。这些观点可以帮助你在公众表达时达到标新立异的效果。

一些价值观层面的例子也是一样的用法。周杰伦有首歌叫作《听妈妈的话》，我在讲课时就跟学生说，对妈妈的话要选择性听取，如果完全照搬，你可能会"活成你妈妈的样子"，希望妈妈们也不要仅仅给孩子提出妈妈认知范围以内的要求，这样孩子们才能无限成长。

这是一种自由开放的教育理念，也跟马云这种标新立异的方法有异曲同工之妙。

我还可以再给大家提两个思路。一是我们可以颠覆一些经典。例如，王蒙先生曾经在某所大学做演讲时，谈到了语言的妙用。他就拿阿Q作为一个颠覆经典的例

> 我们可以"老话新说"，把过去的俗语放到当下的语境中。

子，他说阿Q向吴妈求爱的时候，如果只是说"吴妈我想跟你困个觉"，吴妈就会产生一种被侮辱的感觉。但如果当时阿Q对吴妈用了徐志摩的诗，效果就会大不一样。如果阿Q对吴妈说："你我相逢在黑夜的海上，你有你的，我有我的，方向；你记得也好，最好你忘掉，在这交会时互放的光亮。"吴妈说不定就会接受阿Q。王蒙先生用颠覆经典的方式，向大家展示了语言艺术的重要性。用不同的方式去表达，得到的效果是不一样的。

还有一个方法教给大家，就是我们可以"老话新说"，

把过去的俗语放到当下的语境中。

例如，柳传志给员工讲话的时候，提到了缝鞋垫和做西装的概念。他说：

"对待我们招进来的新人，不能让他们一开始就去做西装，得先让他们去缝鞋垫，缝着缝着，缝到一定数量的时候，他们的手艺精进了，才能让他们去做西装。"

其实柳传志讲的是新招进来的员工应该先从基层岗位干起，慢慢积累经验，到达一定程度再被委以重任，他用的就是老话新说的方法。

综上所述，如果你想让自己的演讲变得与众不同，标新立异是不是一个特别好的方法呢？

抓心大法

这是一个注意力的时代，每个人都在学习演讲，都希望通过演讲吸引大家的注意力。我上演讲课时，对所有学生的要求是：从迈上舞台、开始讲话的那一刻，到完成演讲之前，我不允许任何一个观众把目光从你的身上移开。

因此我们就要想，在演讲过程中，我们应该通过什么样的方法，才能尽可能地把观众的注意力牢牢地吸引在自己身上呢？

这样的方法有很多，如打节奏、观众互动等，我们可以用各种各样的方法吸引观众的注意。本节教给大家的方法叫作"抓心大法"，它利用了心理学中提出的逆反心理。

苏联著名的心理学家普拉图诺夫曾经写过一本《趣味心理学》，他在这本书的扉页上写了一段话，告诉大家：

"各位读者请注意，不要先去阅读本书的第43页。"

如果大家买到了一本书，扉页里面写着这句话，你们会做什么？你们会不会第一时间翻到这本书的43页，看看第43页写的什么？这是一个非常有趣的心理学测试。

"各位读者请注意，不要先去阅读本书的第43页。"

曾经有位心理学家在演讲中这么说：

"请大家一定要注意，我待会可能会在讲话中说到一个动物——大象，请各位务必把大象这个词忘掉。在我讲完了之后，千万千万不要记得大象哦！"

然后你猜怎么样？在他演讲结束之后，大家可能什么都没记住，唯独念念不忘大象；好几天过去之后，观众的脑海中可能还萦绕着大象这种动物。这就是人类心理学中非常奇怪的一种现象，越想忘掉什么，反而越会特别记得什么。

这就是抓心大法的基本原理，这种方法也可以用到演讲中。

我曾经看到一个关于演讲的例子，有一位演讲者总是很难吸引观众的注意力，于是有一次在上台的时候，他拿了一副拐杖，把拐杖放到旁边，然后才开始自己的演讲。但是全程中，他的演讲跟拐杖没有发生一点关系。

后来有人就问他拐杖起到了什么作用呢？他说，我希望拐杖能成为一个不用说话的悬念，从而帮助我吸引观众的注意力。

> 我们有时可以通过一些小小的道具或者一些有趣的游戏牢牢抓住观众的心。

当然，我并不是要求大家在演讲时都拿上一个与演讲毫不相干的东西。但我想要通过这样的例子告诉大家，我们有时可以通过一些小小的道具或者一些有趣的游戏牢牢抓住观众的心。拿拐杖的方法也可以加以运用，但最好能跟你的演讲产生联系。例如，你可以直接说：

"是不是有人会很奇怪，我为什么拿一副拐杖上来呢？我为什么不是挂着拐杖，而是拿着拐杖？待会我会告诉大家。"

这样先埋一个伏笔，而且这个道具一定要跟演讲内容发生联系，这样一来，大家都会等着揭晓答案的那个瞬间。

其实抓心大法抓的正是大家的好奇心。每个人都有好奇心，这就是我们在演讲中用于互动或者用做悬念的基础原理。悬念无非是抓住了观众的两个心理，一个是好奇心，另一个是求知欲。

> 其实抓心大法抓的正是大家的好奇心。

本节我们主要讨论好奇心这一心理，如果你想牢牢抓住观众的注意力，只要把他们的好奇心吊起来就可以了。

有一些简单的调动大家好奇心的方法，例如，可以让大家跟你一起做游戏，如果你想要告诉大家口是心非有多难，就跟台下观众一起来玩"口是心非"的游戏。参加游戏的人需要说出一个数字，同时用手比画出另一个数字。因为手势跟语言同步本来就是一种本能的生理反应，通过这个游戏，大家往往会哈哈一笑，觉得心口不一确实很难。所以，我们可以在演讲中利用这种调动好奇心的方法，抓住观众的注意力。

但是在这里我有几点要提醒大家，一是游戏门槛一定不要太高，规则必须简单，游戏参与度要高，游戏本身要轻松有趣。有的游戏很复杂，你自己都说不清楚规则，那么在跟大家做游戏时就很难把控局面了，这样一来，游戏不仅没有调动起大家的好奇心，反倒会让大家觉得莫名其妙。二是游戏时间不要太长，我有个学生是位瑜伽师，在课堂上做练习的时候就带着大家一起做瑜伽，等到他想要去表达演讲主旨时，时间已经不够用了。

以上就是抓心大法的主要内容。如果想要抓住观众的心，就要找出一些特别的方法来把观众的好奇心调动起来，当好奇心被调动起来的时候，观众的注意力也就被你吸引了。

玩转时空法

很多人都特别喜欢看电影，当走进电影院时，灯光一熄灭，我们就好像被带入造梦的工厂，完全跟随电影进入另外一个时空。我们幻想自己就是故事的主角，或者和主角一起历险。

因此，好电影的代入感是非常强的，可以把人们从一个时空带到另外一个时空。当我们站在舞台上，没有那些大制作、计算机动画、大荧幕的加持，只有一张嘴巴时，我们如何通过语言让大家感觉到时空的变化呢？

玩转时空的第一种方法叫作"空间共鸣法"。有一次，一名呼吁女性独立的演讲者曾在一个观众都是女性的场所里发表了一场演讲。他的铺垫是这样的。

规则常常会发生变化，但规则总是对男性有好处。

我认为现在时机已经成熟，如果想真的有所改变，就应该让女性的力量参与到世界中。

我们需要让足够多的女性拥有权力，并且要重塑男性心目中的女性力量。

的确，我也想拥有像索菲亚·罗兰那样的长腿，不过如果可以选择的话，我宁愿拥有勇敢的心，我想让这个世界变得更好。

我不愿意消极地去等待改变，而是渴望参与到改变当中。

看看这里，充满了拥有知识、活力、才华的女性同胞。

现在让我们走出冷气房，卷起袖子开始行动，带着我们的热情去创造一个近乎完美的世界吧！

谢谢大家。

这段话如果放到万千观众正在聆听的会场，观众们一定会不由自主地产生冲动，想要卷起袖子、冲出冷气房，立即去为女性权益发声。这位演讲者用的正是空间共鸣法。如果想说服一个人，一定要找到你跟这个人之间的共同点。那个共同点就是你跟他此时此刻身处同一个地方，所以我们可以在这个空间里面做文章。

我经常会听到演讲者在演讲快结束的时候说：

"不好意思，我得走了，我要去赶个飞机，谢谢大家。"

这时我就会扼腕叹息，因为他错过了可以让演讲变得出彩的绝佳机会，那就是我们与他同处一个空间，而他待会要到另外一个空间去，那个空间可能是一座新的城市，他可能遇到新的风景，有新的故事，但是他并没有将这些内容在演讲中呈现出来。

还有一个案例可以与大家分享。美国哲学家乔治·桑塔亚纳要在哈佛大学讲授最后一堂课。刚巧在他要讲完的时候，有一只漂亮的知更鸟停在窗台边，不停地鸣叫着。于是，教授就和学生们一起欣赏了这只鸟儿，然后他对学生们说：

"对不起各位，我要失陪了，因为我跟春天有个约会。"

说完他就微笑着离开了教室，所有学生都为他鼓掌。这就是空间共鸣法的绝佳运用。

此时此刻大家同处一个空间，但教授是教师、观众们是学生；而当教授走出教室之后，他就脱离了教师身份，成为一名退休老人。这个即将退休的老人，在他结束教学生涯后，可能要做的事情是走到大自然中，看看风景，听听鸟叫，

"对不起各位，我要失陪了，因为我跟春天有个约会。"

享受人生，所以他用"我跟春天有个约会"这样一句话结束了他在哈佛大学的教学生涯，这一行为充满诗意。

我们也可以借用这种手法。在结束一场演讲、马上就要去赶飞机时，你可以说，"我跟重庆的一片森林有个约会"或者"我跟成都的火锅有个约会"。所以，我们要学习的是一种思维方式，同时本书的素材都可以用于实际的演讲中。

在运用空间共鸣法时，我们要注意对空间进行一些描述。我们注意到，上文中前一个案例的演讲者表达的意思是，"我们这里有冷气"，这些描述是为了进一步强调，请大家关注我们此时此刻共同所处的空间。

所以当我们想要使用这个方法时，不妨也把我们正处的空间跟大家做一个说明。例如，"我们现在所在的这个地方非常漂亮，从窗外一眼就可以看到北京的中央商务区，对面的写字楼里有年薪几百万元的人在忙碌着，可是他们并不知道……现在我希望大家跟我一起走出这里，我们要去做……的事情"。

对此刻的空间描述得越细致，其实越能拉近观众跟空间同步的感觉，进而越容易引起他们的共鸣。

此外，这里的"共鸣"其实不仅仅指空间的共鸣，我们还需要运用语言和情绪，和观众产生情绪上的共鸣。

当乔治·桑塔亚纳看到一只知更鸟在窗台上鸣叫时，他很智慧地停下来跟大家一起望着那个鸟出神几秒钟，这叫演讲中的"留白"。之所以要在这个时候留白，是因为大家都在看这只鸟，那他索性跟观众一起去看这只鸟，这就是一种情绪上的互动。如果是没有经验的演讲者，他可能会说：

"嗨，你们怎么这样，都已经是最后一节课了，你们还在那听鸟叫，不能好好地听老师讲课吗？"

乔治·桑塔亚纳的做法就高明得多，他不仅把控住了现场发生的意外情况，还跟大家说"失陪了，因为我跟春天有个约会"，并且马上离开了这个空间，这展现出来的就是不一样的格局。

玩转时空的第二种方法叫作"同时不同事"。"同时不同事"的方法特别适合用在演讲开场环节，无论演讲主题是什么，你都可以使用这个方法。

例如，一名食品安全专家曾经做过这样一场演讲，为了告诉大家食品的选择多么重要、食品安全多么重要，他是这样开场的。

大家好，我今天要在现场做一个18分钟的演讲。

而在我马上要进行演讲的这18分钟时间里，将会有4个美国人因为食用了不当的食物而离开人间。

在过去7年的时间里，我夜以继日地工作，只希望能够用自己的方式去拯救更多的生命。

我不是医生，我只是个厨师，我没有什么昂贵的仪器或药物，我能够运用的是我的知识和曾经接受过的训练。

我坚信食物在我们的日常生活中处于非常重要的位置，甚至是我们生活最重要的幸福来源。

这位演讲者运用了同时不同事的手法。在开头部分，他说："在我马上要进行演讲的这18分钟时间里，将会有4个美国人因为食用了不当的食物而离开人间。"这种方法可以用在各种主题里。例如，你是一名交通警察，在告诉大家不要酒后驾驶，或者一定要遵守交通规则时，就可以这样开场。

我是一名交通警察，在我演讲的3分钟时间里，全世界将会有____（多少）人因不遵守交通规则而发生车祸，或者全世界将会有＿＿＿（多少）人因为酒后驾驶而发生车祸，他们当中有＿＿＿（多少）人可能会因此丧命。

你会发现，同时不同事的手法放之四海而皆准，哪怕你不是这件事情的亲历者，如只是交通安全的倡导者，也可以用这样的方法。

再如，假设你是一名环保主义者，可以这么说。

大家可以先看一张照片，照片上是在某某海岸打捞上来的一只死去的鲸鱼，经解剖发现，它的胃里面有大量的塑料袋。就在我刚才演讲的一分钟时间里，全世界的海岸可能有＿＿＿（多少）头鲸鱼因为误吞不能被消化的塑料袋而丧命。

这个数据也会引起大家对于破坏海洋环境行为的警醒，上述例子都可以被称为同时不同事。

同时不同事的方法共情感很强，它会让我们觉察到原来这个世界不只有我们自己，这个世界还有很多东西，进而容易被打动。我们可以把这个方法用到很多地方。

例如，我们此时此刻坐在温暖的房子里，但还有一些贫困山区的孩子，他们上不起学，也许正在为了一本练习册或一双白球鞋而烦恼。

又如，当我们在工位上面对枯燥乏味的报表时，在非洲大草原上，一些羚羊正在肆意地奔跑；在天山上，雪莲花正在迎风绽放。这些东西都会让大家很心动。

玩转时空的第三种方法叫作"同时不同运"，意思是我们虽然生活在同样的时空，但命运却有所不同。

有一次，诗人拜伦在街上走，看到一位盲人在乞讨。盲人在胸前挂了一个牌子，上面写着："自幼失明，沿街乞讨！"可是路人好像没看见一样从他身边匆匆而过，很长时间过去了，盲人手中乞讨用的破盆里还是没有一分钱。

这时，拜伦走上前去，在盲人的牌子上加了一句话：

"春天来了，可是我却看不见她。"

过路的人纷纷伸出了援助之手。

为什么加上这几个字之后，大家纷纷捐钱呢？仅仅是因为拜伦的字很值钱吗？当然不是。

原因在于，春天代表着五彩斑斓，代表着希望，代表着生机勃勃。我们拥抱春天，是因为寒冷的冬天已经过去了，大家喜欢去春游，去享受大自然给我们的馈赠。但是在同样的时空中，有一些人看不见这些东西，只能凭他们的想象和听觉去猜测这个世界到底有多美，这就是同时不同运，我们的悲悯之心会油然而生。

拜伦的一句"春天来了，可是我却看不见她"，真可谓语言之光、智慧之光。有时我们仅仅需要加入一笔，或者仅仅需要填一个字，就会发现，语言的力量变得如此不同。

最后，让我们一起对玩转时空法做一个简单总结。第一种方法叫作空间共鸣法，当与观众处在同一空间时，利用空间的变化对观众发起倡议，或者撩动观众的心弦。第二种方法叫作同时不同事，在同样的时空下，不同群体做着不同的事情，这往往会引发我们对于生命和行为的一些思考。第三种方法叫作同时不同运，它会激发我们的悲悯之心和责任感。其实，每个人内心都有真善美，都有为世界做点什么的冲动。如果你能够使用语言去打动他们，这一定是一场非常棒的演讲。

扫码看丽娇老师
真人演示

教你一招，让你
可以像演讲大师
一样表达

方法一
空间共鸣法

玩转
时空法

方法二
同时不同事

方法三
同时不同运

"对不起各位，我要失陪了，因为我跟春天有个约会。"

"将在台上重进行演讲的这18分钟时间里，将会有4个人因为食用了不当的食物而离开人间。"

"春天来了，可是我却看不见她。"

第五章

讲出你的能量

千人场面我不怕

本节内容专门为大场面准备。我发现，现在演讲的场地越做越大、观众越来越多，一场演讲动辄就变成了千人大会、万人大会。本节内容旨在告诉大家，作为一个演讲新人，如何应对观众众多的大演讲场面。

> 站在台上的你不是普通的你，而是能量更强大的你。

在此，我想提醒大家注意两点：一是一定要告诉自己，站在台上的你不是普通的你，而是能量更强大的你。因为如果你只是以普通状态去应对的话，根本没有那么大的能量。而且，你在准备的时候尽可能按照人数最多的情况准备，例如，你要给1 000个人做一场演讲，那就想象自己要准备一场万人演讲，原因在于当真正看到巨大的舞台时，人们还是会不由自主地产生恐慌感。

二是一定要学会"让自己快速兴奋起来"，进入状态。大家可以去想象演员的工作，就能够理解这种感觉了。

演员的戏并不是按照剧情的发展去排的，有可能上午的戏份还在表演狂喜，下午的戏份就要展示大悲。这些情绪的调动要依靠演员给自己设定内心的开关。因此，在演讲时，你也要知道如何能够让自己兴奋起来，要给自己打气，不能受到周围其他人的情绪的影响。这是大场面和小场面对于演讲者来说最大的不同。我们如果想说服两个人，就只跟这两个人说话就好了，不需要动用那么大的力量；但是当我们想要说服 100 个人的时候，声音、手势、情绪、气息都要变大；当我们要说服 1000 个人的时候，能量的量级就更巨大了。因此，大家一定要知道自己情绪和能量的开关在哪里，及时调动出可以把控大场面的状态。当你可以把控大场面的时候，当然也可以自如地应对各种小场面。在本节内容中，我要给大家举两个非常经典的例子。

第一个例子是马丁·路德·金著名的《我有一个梦想》，让我们一起重温这篇经典演讲。

我梦想有一天，在佐治亚的红山上，昔日奴隶的儿子将能够和昔日奴隶主的儿子坐在一起，共叙兄弟情谊。

我梦想有一天，甚至连密西西比州这个正义匿迹、压迫成风的地方，也将变成自由和正义的绿洲。

我梦想有一天，我的四个孩子将在一个不是以他们的肤色，而是以他们的品格优劣来评价他们的国度里生活。

我有一个梦想。

我梦想有一天，亚拉巴马州能够有所转变，尽管该州州长现在仍然满口异议，反对联邦法令，但有朝一日，那里的黑人男孩和女孩将能与白人男孩和女孩情同骨肉，携手并进。

我有一个梦想。

我梦想有一天，幽谷上升，高山下降，坎坷曲折之路成坦途，圣光披露，满照人间。

这篇演讲其实还有很多内容，我们现在听到依然会觉得很有力量。为什么这篇演讲可以把控住很宏大的场面呢？当然，这与时代的背景息息相关。但是仅从演讲的结构出发进行分析，其实有一点很重要，就是本篇演讲中含有大量的排比，而且排比本身选用的是我们之前提到的"自带光芒的词"。"梦想"就是一个自带光芒的词。马丁·路德·金把每一个梦想都描述得非常到位，能够把观众带到情景中去，因此这段演讲的渲染能力非常强。

与马丁·路德·金的演讲有异曲同工之处的是丘吉尔的一段演讲。大家可以看一下电影《至暗时刻》，丘吉尔最后的演讲把整个电影推向了高潮。我们用中文版本给大家重现一下，丘吉尔是这么说的。

我们将战斗到底。

我们将在法国作战，我们将在海洋中作战，我们将以越来越大的信心和越来越强的力量在空中作战。

我们将不惜一切代价保卫本土。

我们将在海滩作战，我们将在敌人的登陆点作战。

我们将在田野和街头作战，我们将在山区作战。

我们绝不投降，即使我们这个岛屿或岛屿的大部分被征服，并陷于饥饿当中——我从来不相信会发生这种情况。

我们在海外的帝国臣民，在英国舰队的武装和保护下也会继续战斗，直到新世界在上帝认为适当的时候，拿出它所有一切的力量来拯救和解放这个旧世界。

大家可以去回顾一遍这部电影，如果没有时间把整部电影看完的话，可以只看电影最后的片段，你会觉得即使是一部电影，即使你在用小屏幕观看，依然能够被丘吉尔那种将要冲出屏幕的力量感动到。我当时看这部电影的时候就在想，如果我在现场，肯定会不顾一切地愿意参加战斗，因为我认为这件事情关乎国家和民族的命运——这就是语言的力量。

演讲最大的魅力在于它可以说服你、打动你、影响你。如果一个人的演讲力可以大到让你愿意为了他所描绘的图景放弃生命、牺牲自己、投入战斗，你就可以知道演讲的力量有多么巨大了。所以说，如果你是演讲高手，掌握了很多演讲技巧，真的可以用演讲让生活和工作变得很轻松。

想要把控住大场面，请大家一定要运用排比和想象。大家再去回忆一下，上述两段演讲其实使用了大段的排比加想象。在想象的时候，一定要加入细节，这样一来画面感会特别强。如果丘吉尔只是说："我们将会在一切地方战斗，我们将会在战场上把敌人歼灭。"震撼力就会大大减弱。马

> 想要把控住大场面，请大家一定要运用排比和想象。

丁·路德·金在演讲中还说道："我梦想有一天，我的四个孩子将在一个不是以他们的肤色，而是以他们的品格优势来评价他们的国度里生活。"他又把假设的描述放到了他的儿子身上，想象的东西越具体，画面感越强，想象的东西就会越打动人心。当你把这种极富感染力的排比和想象放到一起时，再加上声音、气息、手势、能量的加持，你一定可以成为一个把控住千人场面的大演说家。

所以，如果你马上要进行一场千人演讲，可以先学习本节教给你的方法。运用大量的排比加想象，一定会让你的演讲能量十足，深深地打动现场观众，并且使他们发自内心地愿意为你鼓掌。

大声地夸自己

有调查显示，中国80%的女性都羞于夸奖自己，甚至不能讲出自己的10个优点。所以我曾在一次演讲课上邀请每一个女孩走上讲台来夸自己，但是她们夸着夸着往往就不好意思了。

这并不难，例如，"我好漂亮，我的头发好柔顺，我的身材好圆润，我的脸好好看，我的头发蓬蓬的！""我的眼睛很闪亮，我充满活力，我很自信，我的肩膀好看，我的睫毛长，我的鼻子挺，我的嘴巴性感"。

> 所以不要再去问别人，怎么能够在演讲舞台上变得自信。真相很简单，接纳你自己，就可以变得自信。

但很多女孩就是说不出来这样的话，而且没有办法用特别的词去描述自己，总是用"我这个人好像皮肤比较白"这种模棱两可的句子来评价自己。

如果一个女人不能立刻说出自己的 10 个优点，我觉得她并没有完全接纳自己，而不接纳自己，又怎么爱自己？不爱自己，又怎么去展示自己？

所以不要再去问别人，怎么能够在演讲舞台上变得自信。真相很简单，接纳你自己，就可以变得自信。现在立刻拿出纸来，把你的 10 个优点写出来吧。

扫码看丽娇老师
真人演示

你敢大声
夸自己吗

我的十个优点

优点1：

优点2：

优点3：

优点4：

优点5：

优点6：

优点7：

优点8：

优点9：

优点10：

第六章

讲出你的风格
与个性

让六岁的孩子也听得懂

很多人可能会觉得，演讲是一件特别"高大上"的事情，我曾经问我的学生，如果要给自己的演讲风格定位，你希望是什么样的呢？

有人希望自己的演讲是知性的，有人希望自己的演讲是热情的，有人希望自己的演讲是专业且权威的。

后来我就告诉这位选择"专业且权威"的学生说，他选择了一条演讲中最难走的路。因为他在展现专业且权威的过程中，别人往往会不明就里。

我们曾经看过很多专业演讲，演讲者站在台上滔滔不绝地把很多专业术语说出来，观众听得云里雾里。如果一场所谓的"专业"演讲让观众听不懂的话，那它绝不是一场成功的演讲！

所以，如果让我在专业权威和通俗易懂之间去做选择的话，我希望我的演讲是通俗易懂的。而真正优秀的人其实并不是把那些深奥的道理讲得很深奥的人，而是可以把深奥的道理讲得非常浅显的人。所谓深入浅出，是演讲的基本要求。无论演讲主题多么晦涩难懂，我都希望大家可以用最简洁形象的话把它表达出来，让六岁的孩子也听得懂。

我曾经给很多要做专业演讲的学生上过私教课，我发现当一些人要去介绍某一种新产品时，品牌方会给他们一份很长的列表，就像说明书一样。

> 无论演讲主题多么晦涩难懂，我都希望大家可以用最简洁形象的话把它表达出来，让六岁的孩子也听得懂。

这份列表里充斥着各种数据，详细列出了产品的重量、系统、细节等。然后我们就会看到，很多演讲者选择把自己的演示文稿（PPT）做得非常专业，上面列举了大量数据，我听过很多场这种让人"抓狂"的产品发布会，演讲内容基本上是由数据堆砌的。

所以，如果你只是在讲堆砌数据的话，干脆直接让观众阅读说明书就好了，又何必演讲呢？所以请大家记住一个原则，想要把专业的东西介绍给大家，最佳方式就是让六岁的孩子也听得懂。

在这一点上，我们可以学习一下乔布斯的做法。

2007年，乔布斯在苹果手机（iPhone）发布会上做了一场非常棒的介绍，这场演讲后来被奉为经典而广泛流传。他站在台上对全世界的观众说："今天我们要一次性发布三款革命性的产品。"他身后的大屏幕上出现了三个图标，一个是苹果音乐播放器（iPod），一个是移动电话，一个是互联网。这三个图标被来回切换了好一会儿——不停地被来回切换。

乔布斯接着说："我们今天要发布的不是三款独立的设备，而是一部设备，我们把它命名为苹果手机（iPhone）。"

苹果手机就以这样的方式第一次呈现在公众面前了。

那个时候的人们还不知道智能手机是什么，如果乔布斯直接介绍智能手机是一部什么样的手机，观众们可能很难明白。但是好在大家都知道移动电话的作用，也知道苹果音乐播放器（iPod）可以做什么，还知道互联网是怎么回事。

所以乔布斯选择直接告诉大家，有一种手机可以实现三个设备的功能，这种手机就是苹果手机（iPhone）。这种介绍方式非常简单明了，连六岁的孩子也都听得懂。这样一来，乔布斯无须再去介绍苹果手机的数据，他甚至也无须让你明白具体可以怎么打电话，手机内存是多少。

> 乔布斯选择直接告诉大家，有一种手机可以实现三个设备的功能，这种手机就是苹果手机（iPhone）。

可能也会有人提出质疑，在这么重要的场合，要不要把数据介绍得更清楚一些呢？我相信，这个问题也是很多做专业讲解的人遇到的最大麻烦，就是究竟要不要把产品数据介绍得很详细。

答案几乎是确定的——完全不需要。

原因在于，我们介绍产品的目的是让观众听懂。很多人在台上滔滔不绝地介绍数据时，场下的观众也许压根儿就没有听进去。与其如此，不如用一种最简单的方式告诉大家产品的本质到底是什么，这种方式更形象、更有效。如果大家想进一步了解产品，自然会看产品说明书。

> 演讲的主题越专业，你就越要用不专业的方法把它讲出来。

对于一些专业人士，让他们抛开专业不谈，他们往往会觉得浑身不自在，我把这种现象叫作"技术卡点"。我现在对大家提出的要求恰恰是，演讲的主题越专业，你就越要用不专业的方法把它讲出来。

我再给大家举一个乔布斯的例子。苹果音乐播放器（iPod）面世时的内存大约是5GB，因为大家对于内存大小并没有具象化的概念，乔布斯就没有直接说播放器内存有多大，而是告诉大家：

"就是这么一个小小的东西，你可以把1000首歌放到里面。"

乔布斯的这句话连六岁的孩子也听得懂。关于苹果音乐播放器的重量，乔布斯也没有直接说它有多轻，而是用食指和拇指捏着它说：

"它可以很轻松地塞进牛仔裤的口袋里。"

牛仔裤的口袋非常小，所以观众们一下子就明白了，这个音乐播放器虽然看上去很小，但它的容量很大。

所以，本节内容就是想要告诉那些有"技术卡点"的、想要追求专业权威的演讲者，在进行产品的介绍和描述时，一定要记住"让六岁的孩子也听得懂"的原则。

具体的方法就是用比喻的修辞让大家清清楚楚，并且摈弃掉那些枯燥乏味的数据。如果你在演讲中必须要强调数据，也一定要融入比喻的手法。

例如，你想要介绍一款护肤品有多么细腻，能够渗入到皮肤的哪一层，这时当然可以进行数据介绍，但最好加入比喻的手法，告诉大家护肤因子只有一根头发丝的千分之一那么大，这样会让观众有更加形象明确的体会。

当然，我也并非要求专业技术发布会的演讲者完全抛开演示文稿（PPT），或者演示文稿上不能有任何数据。你依然可以在演示文稿（PPT）上列出数据，但请务必记得，演示文稿只是辅助手段，千万不要去念演示文稿上面的内容。

你真正要做的，是利用演讲技巧和演讲水平，把演示文稿上那些晦涩难懂的东西简洁形象地表达出来，让六岁的孩子也听得懂，这就是本节想要讲述的演讲秘诀。

三分在讲，七分在演

本节内容主要讨论"演"和"讲"之间的关系。大家可以记住一句话，叫作：

"三分在讲，七分在演。"

有人对此可能会有质疑，难道演讲就是作秀，就要像演员一样表演虚构的东西吗？我不是这个意思。所谓的"演"，是一种表现手法，是利用表演的方式把要讲的东西更生动准确地传达出来，但所有演讲依旧必须以真情实感为根基和前提条件。

在这里给大家举一个例子，有一个脱口秀演员讲过这么一则笑话。

所谓的"演"，是一种表现手法，是利用表演的方式把要讲的东西更生动准确地传达出来，但所有演讲依旧必须以真情实感为根基和前提条件。

有一个孩子的脑袋特别大，同学们都会笑话他说："大头大头，下雨不愁，别人有伞，你有大头。"孩子就哭着回家问妈妈："妈妈，我的头真的很大吗？"妈妈安慰他道："孩子，你头一点都不大呀。"

如果按照这种方式来讲这个笑话，大家完全感受不到笑点。原因在于缺少了孩子妈妈的一个动作。请大家想象一下，如果故事的结尾，是妈妈抚摸着儿子的大头，并加上一个夸张的抚摸动作，你就会觉得特别有意思了。

只是一个简单的动作表演，就可以把想要表达的东西非常准确生动地表达出来。

除了动作表演之外，还有语气表演。我们小时候朗读课文，都知道"分角色朗读"的方法，意思就是在读人物对话时，要尽可能地想象当时人物的心理状态并且设身处地地呈现给大家。所以说，如果你能把表演运用到演讲中，那真是非常增色的事情。

演讲者只能通过语言来传达信息，这其实是非常难打动观众的。当下，人们可以选择的娱乐方式太多了。例如，一部电影动辄投入十几亿元，有那么多的计算机动画大场面，通过IMAX等各种技术使观众身临其境。再如，戏剧演出会使用舞台上的灯光、环绕立体声等各种方式去吸引观众的注意力。

但是对于演讲者来说，他能够用的道具和武器只有他自己，只有他的声音和表现力。在这个过程中，如果你是一个会表演、善于表演的人，就可以让演讲变得非常生动，能够抓住人。

我们之所以说有些演讲让人感觉索然无味，就在于演讲者的演讲节奏单一、语气单一，这样的现象并不罕见。

有些演讲者误以为自己可以把演讲做得高潮迭起，但是根本没有充分地把表演的方法运用到演讲中去。这些人本以为自己可以洒脱地表演，但是当他们真正站到舞台上时，往往是心有余而力不足。

我曾经参加过一个论坛，论坛的流程就是单调地逐一发言，而且前几位演讲者的内容非常无聊，我当时很想中途退场。

这时，一名"90后"创业者走上台去，主持人把他介绍得非常厉害，我觉得他应该是一个年轻、热情、有想象力、开放的人，于是对他的演讲充满期待。这个小伙子上台后对大家说：

"我看很多人都已经困了，我相信我的演讲一定能够掀起高潮。"

所有观众都抬起头来，我也对他充满期待。但是很遗憾的是，这句话成了他整场演讲的高潮。接下来他就拿出发言稿开始照本宣科。我当时还在想：难道他后面还埋着什么惊喜吗？如果只是从头念到尾的话，应该不会有开头的铺垫呀。但是很遗憾，他的确把演讲稿从头念到尾。在他跟大家说"我的演讲就到这儿，谢谢大家"时，我觉得他和我一样失望，可能他没有想到自己呈现出来的状态是这个样子。

我在此教给大家一个很有用的让演讲变得生动的方法，就是把自己带入到情境中去。

例如，在表演儿子的问话时，就想象一下六岁孩子可能是什么样子的；在表演妈妈的答话时，就用妈妈的语气和状态回答。这样一来，身临其境的感觉就出来了。

当然，演讲中的表演与真正的舞台表演不尽相同，前者不能过于夸张，否则会让大家对演讲者的可信度产生怀疑。

此外，你也需要根据个人风格定位的不同再去做进一步的判定，有些人的演讲风格可能就是非常恣意洒脱，如在脱口秀演讲中，还可以再表演得更夸张一些。但如果你对自己的定位是知性的、以说服观众为目标，那只要运用一点点的表演元素即可。

请大家记住马克·吐温的一句名言：

"别只是去描述老妇人在呐喊，你要把这个老妇人带到现场，让观众真真切切地听到她的呐喊声和尖叫声。"

大家一定要注意，当你是一个演讲者时，你其实同时拥有两个身份。一个身份是内容讲述者和信息传递者，通过语言向大家传达内容，这个时候你代表自己；另一个身份是信息搬运工和内容呈现者，通过语言帮助大家再现情景，这时就需要运用表演的元素。

每一位优秀的演讲者都必须同时是优秀的表演者，但演讲舞台上的表演又与专业的表演舞台有所不同，所以大家既要懂得表演，又要拿捏表演在演讲当中的尺度，希望大家都可以成为会表演的演讲者。

第七章

讲出你的
影响力

怎么锻炼气场

气场绝对是可以锻炼的，怎么去锻炼气场？我在这里教给大家几种方法。

第一种方法是练眼神。你会发现，那些气场很强的人，他们的目光非常坚定，而且他们会直视对方的眼睛，绝对不会犹豫和躲闪。锻炼眼神的方法是照镜子。看着镜子里的自己，坚持一段时间，你就会有那么一刻觉得自己的气场很强。通过练习用眼睛直视镜子里面的自己，慢慢地，眼神就会练出来了。

第二种方法是练呼吸。你会发现，气场没那么强的人，他说话时往往会越说气越短。所以我们平时要有意识地练习更深的呼吸，气沉丹田，深吸气之后，再把它呼出来，你的气息越沉，呼吸越深，你的气场就会变得越强。

第三种方法是练声音。你可以练习说话时尽量让声音听起来厚重有力，气场就会显得更强一点。

第四种方法是练语速。单纯的语速快慢对气场其实没有影响。但是，如果语速过快，讲话时就要非常干脆，不要结结巴巴；如果语速较慢，讲话时就要非常坚定和自信，不要显露出迟疑。

学会了练眼神、练呼吸、练声音、练语速这几点，再多加练习，你的气场就会变得越来越强。

扫码看丽娇老师
真人演示

怎么锻炼气场

锻炼气场的四种方法

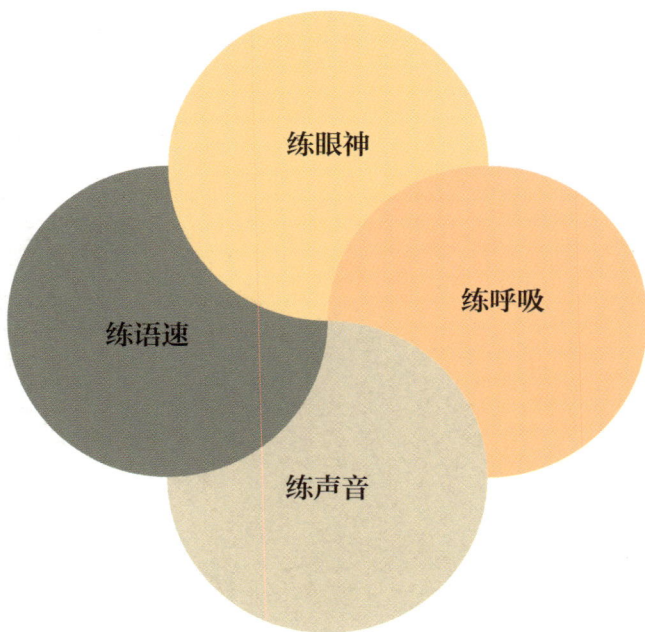

练眼神

练呼吸

练语速

练声音

如何让自己拥有动人的声音

为什么你的声音听起来很"土"

说话的声音有"铲着出"和"抛着出"的区别，"抛着出"时就比较好听，"铲着出"听上去就土里土气的。其实原因特别简单，"铲着出"的声音都是从下面发出来的，例如，"来了？干嘛去？今天吃了没有？"

你可以想象自己的声音是一条抛物线，从上面出来就好了。

你可以想象自己的声音是一条抛物线，从上面出来就好了，如"干嘛？去哪儿？我来这报道了，特别开心见到你。"整体声音都是从上面出来的，听起来立即就不一样了。

扫码看丽娇老师
真人演示

为什么你的声音
听起来很土

只需要一首诗，就可以让你的声音更好听

很多人只是用嗓子说话，用嗓子说话很费声带。我平时说话的时间很长，但我的嗓子不会累，这是因为我说话时是一半用气、一半用声的。

> 我平时说话的时间很长，但我的嗓子不会累，这是因为我说话时是一半用气、一半用声的。

练习的方法很简单，用一首诗来练习就行，就是读《登鹳雀楼》："白日依山尽，黄河入海流。欲穷千里目，更上一层楼。"可以用叹气的方式去读这首诗，当你慢慢习惯了这种方式之后，声音就会更好听，而且长时间说话之后也不会感到疲惫。

扫码看丽娇老师
真人演示

只需要一首诗，
就可以让你的声
音更好听

四个方法，提升你讲话时的影响力

很多人都特别喜欢我说话时的感觉，觉得我说话好像很有气场，下面我就教给大家一些方法。

第一，我坐得特别直。当你坐得很直时，你的气场自然而然就出来了，这能够营造出一种气场强大的感觉。

第二，在看对方时，看对方的鼻子。很多老师会告诉你"直视对方的眼睛"，但对于一个不是特别自信的人来说，当他直直地盯着对方眼睛、四目相撞的那一刻，他就喜欢躲闪，反而显得心虚。所以我们要学会注视对方的鼻子，在正常的社交距离下，对方基本上分辨不出你是在看他的鼻子还是眼睛。所以看鼻子和看眼睛给对方的感觉是差不多的，但看对方的鼻子时，自己的压力就没有那么大。

第三，用数字和逻辑说话。我跟别人交流时，通常会说

"第一、第二、第三、第四",一定要简洁、不啰唆。

第四,少用不确定的语气词。你会发现那些比较胆怯的人经常会轻声地发出"嗯……嗯……"这些语气词。这样一来,气势就已经没有了。如果在平常说话时用到这些语气词,我们的表情一定要显得非常平静。

提升影响力的四个讲话方法

方法一
身体要坐直或站直

方法二
看对方的时候，看对方的鼻子

方法三
用数字和逻辑说话

方法四
少用不确定的语气词

演讲
三绝

第三部分

收场篇
——豹尾

第八章

讲好结尾

好的开头会让演讲成功一半，优质的内容奠定了演讲成功的基础，而好的结尾则能让演讲深入人心，让观众回味无穷、意犹未尽，让演讲者可以在大家热烈的掌声中华丽谢幕、完美收场。

一般来说，在演讲的最后一个部分，演讲者需要重点把握的是：总结演讲的重点、引发受众的思考或认知、强化主题，并把演讲推向高潮。

从大的方面来说，出色的演讲结尾可以分为三类：画龙点睛型、引人深思型、情感共鸣型。每个大类下面又有一些小的分类。读者学习本章内容之后，可以根据自己演讲的内容、主题、受众特点，对应练习使用。

三种提升演讲影响力的结尾方式

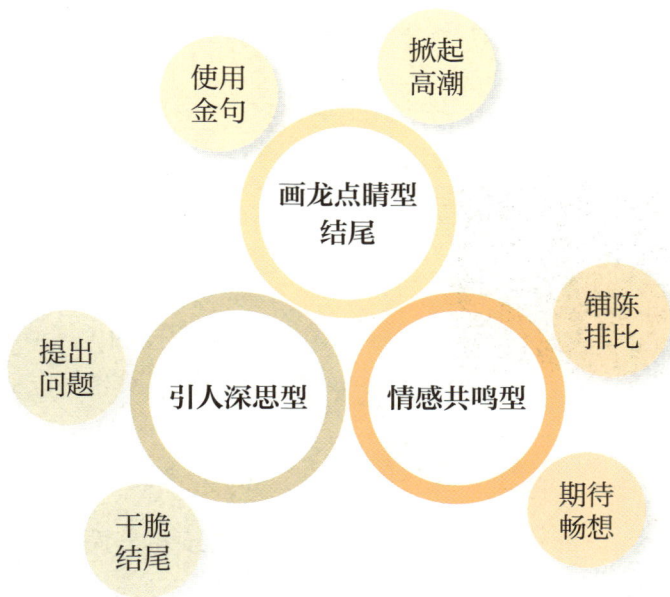

掀起高潮

使用金句

画龙点睛型结尾

铺陈排比

提出问题

引人深思型

情感共鸣型

干脆结尾

期待畅想

画龙点睛型结尾

演讲的全部内容都是围绕主题展开的，在演讲的最后对主题进行强调或深化可以起到画龙点睛的作用，这也是一种既稳妥又高效的结尾技巧。具体来说，画龙点睛的方法有金句结尾和高潮结尾两种常见的形式。

使用金句

> 通常来说，在一个演讲中，最容易被受众记住的就是其中的金句。

通常来说，在一个演讲中，最容易被受众记住的就是其中的金句。在自己的演讲中打造金句，也是所有演讲者最渴望的事。

受众对你的演讲的记忆都是围绕金句展开的，而你演讲中核心观点的传播也是借助金句来推动的。

所以，高明的演讲者都会在平时注意积累，并在演讲稿中提炼一些金句，并把它们放在演讲的重要时刻使用。

金句是演讲者最宝贵的"资产"，而在哪里使用它也是大有学问，用好金句可以大大提升演讲的效果。通常，演讲者倾向于把金句用在演讲的开头或结尾，这时受众的注意力最为集中，金句达到的效果也最好。而如果再比较开头和结尾，结尾常常是更好的选择，这时受众已经理解了演讲者的核心思想，由演讲者最后抛出凝练度极高的金句可以在演讲结束前把要传递的信息"砸实"。

2005年，乔布斯给斯坦福大学的毕业生做演讲，这也是乔布斯最著名的一次演讲。

在演讲中，乔布斯分享了三个人生中的小故事，他叙述得非常平和，但却发人深省。在演讲的最后，乔布斯抛出了他一生最为人熟知的金句：

"求知若饥，虚心若愚（Stay hungry，Stay foolish）。"

每个人都要有容纳天地的勇气，保持探索知识的好奇心，不要让他人的想法淹没掉自己内心的声音，有勇气追逐自己的本心。

这个金句不仅浓缩了他整篇演讲的内容，更是他宝贵的人生经验，也成为一代代年轻人对已经离开我们的乔布斯最深刻的一段记忆。

金句结尾看似操作起来最简单，但其实最考验演讲者日常的积累。拾人牙慧甚至照搬抄袭只能适得其反，矫揉造作、故作深沉也不讨喜，演讲者必须将有创意的金句与演讲内容巧妙地结合起来才能达到最佳的效果。

掀起高潮

在演讲结尾画龙点睛的方式除了使用金句外，还有掀起高潮。通过在演讲过程中不断地酝酿和累积，演讲者可以在最后阶段将整个演讲推向高潮，并在高潮中结束整个演讲。

简单来说，掀起高潮式的结尾，就像焰火表演中那最后的璀璨绽放，让观众留下难以磨灭的记忆，将整个演讲定格在他们的大脑中。

在演讲的结尾掀起高潮，除了对演讲者准备的内容有比较高的要求外，更是对演讲者表达能力、爆发力和共情力的一个巨大挑战。

在第二次世界大战期间担任英国首相的丘吉尔小时候患有口吃，尽管他之后不断练习，但从"硬件"上看依旧算不得是一个出色的演讲者，可他却拥有调动受众情绪的非凡能力。

掀起高潮式的结尾，就像焰火表演中那最后的璀璨绽放，让观众留下难以磨灭的记忆，将整个演讲定格在他们的大脑中。

1940年5月到6月，英国正面对德国纳粹势力的入侵威胁，是成为"第三帝国"的傀儡，还是坚定地反抗法西斯？丘吉尔和整个英国都面临着艰难的抉择。这时，丘吉尔在英国国会下议院发表了著名的《我们将战斗到底》的演讲（我在前面曾提到过这篇演讲）。

在这篇演讲的最后，丘吉尔说：

"我们在海外的帝国臣民，在英国舰队的武装和保护下会继续战斗，直到新世界在上帝认为适当的时候，拿出它所有一切的力量来拯救和解放这个旧世界。"

这段话将整个演讲推向了高潮，极大地鼓舞了英国及其他国家无数民众的信心，引领英国走出了危机。

根据这段故事改编的电影《至暗时刻》，在表现这段演讲场景时，最后还增加了三个"Victory"，从艺术表现上更加强化了最后的高潮效果。

不得不说，能够掌握高潮结尾的演讲者大多在表现力上具备一定的天赋，激情澎湃往往是他们演讲时共同的特性。如果读者本身拥有这样的潜质，不妨在演讲中尝试运用这种方法。

此外，需要注意的是，高潮结尾对演讲本身的内容非常"挑剔"，那些更加强调理性分析的演讲恐怕并不适合采用这样的结尾。

引人深思型结尾

引人深思型结尾常常出现在逻辑性比较强的演讲中。当演讲者将所有的演讲内容清晰、准确地传达给受众后，在结尾提出一个与大家息息相关又非常重要的问题，或者选择"戛然而止"、故意"留白"，都可以起到引导受众独立思考的作用，效果远远好于仅是单方面地向受众传递信息。

> 问句结尾的方式比较简单，但问题的设计却非常"见功力"。

提出问题

问句结尾的方式比较简单，但问题的设计却非常"见功力"，主要要考虑以下三个方面。

第一，具有相关性，即问题是否与演讲主题联系密切。如果演讲的内容谈的是A，却在最后提出一个关于B的问题，观众肯定会听得云里雾里，甚至不知所措。

第二，能引发共鸣，即问题是否与观众的利益有关联，只有关心才会思考，这是人之常情。例如，你在演讲中说了半天环境保护的重要性，最后如果问大家："如果继续污染下去，1000年后地球会变成什么样子？"这样的问题，估计效果不会好。因为"生年不满百，难怀千岁忧"，太久远以后的事情，是很少有人会真正去关心的。

第三，具有重要意义。与自己密切相关且重要的问题才是最吸引大家关注的，这个道理很简单，不必赘述了。

1851年，在俄亥俄州阿克伦举行的妇女权利大会上，曾作为奴隶的索琼娜·特鲁斯女士发表了一篇名为《难道我不是个女人》(*Ain't I A Woman*)的著名演讲，为女性争取权利。

在演讲的结尾，特鲁斯女士问道：

"你的基督从哪里来？你的基督从哪里来？"

没有女性，就不会有基督的降生。演讲者利用这样一个问题，引发了观众对"为何女性的权利不能被漠视"的思考。

干脆结尾

在表达完核心思想后干脆利落地结尾，是高水平演讲者有时会使用的一种结尾方式，这种方式出现的情况最少，难度也最高。

在电影艺术中，突然结束常常能给观众带来意想不到的震撼。在演讲中，干脆利落的结尾方式达到的效果与之非常相似。

1932年，时任北京大学校长的胡适在北大毕业典礼上发表演讲——《天下没有白费的努力》。胡适嘱托新一届"天之骄子"们，在步入社会后千万不要抛弃学问。对整篇演讲，胡适是这样结尾的：

"朋友们，在你最悲观、最失望的时候，那正是你必须鼓起坚强的信心的时候。你要深信：天下没有白费的努力。成功不必在我，而功力必不唐捐。能够永远有这样的信心，自然也是好的。"

这样的结尾，简单明了，非常干脆。

另外，干脆利落式的结尾在一些即兴演讲中也可以发挥很好的作用。因为即兴演讲大多是突发情况，演讲者准备不足，提炼金句、掀起高潮的困难比较大，所以使用干脆利落的结尾方式不失为一个安全的选择，没有逻辑的拖沓反而会让演讲的结尾没有力度。

问句结尾的三个要点

第一，具有相关性
问题是否与演讲主题联系密切

第二，能引发共鸣
问题是否与观众的利益有关联

第三，具有重要意义
与自己密切相关且重要的问题
才是最吸引大家关注的

情感共鸣型结尾

情感共鸣是演讲结尾最常见的方式。演讲中的"煽情"就像服装中的黑色与白色，永不过时。不过，想要将这种结尾用得精彩、巧妙、有新意，我建议演讲者要事先精心地设计，那种现场瞬间的灵感迸发，其实是可遇不可求的。

> 演讲中的"煽情"就像服装中的黑色与白色，永不过时。

要想将情感共鸣型结尾用好，大家可以参考以下两种方法。

铺陈排比

使用排比句是激发情感最有效的方法。排比是把结构相同或相似，意思密切相关，语气一致的词语或句子成串排列在一起的一种修辞手法。

除了丰富语意外，这种方法还可以加强语言的节奏和韵律感，达到增强语势的效果，使演讲感情充沛。

1963年8月28日，美国黑人民权运动领袖马丁·路德·金在华盛顿林肯纪念堂发表了演讲——《我有一个梦想》。

作为历史上最著名的演讲之一，演讲者在这篇演讲的结尾用排比的方式，将自己采用非暴力的方式争取黑人权利的理念淋漓尽致地表达了出来，感情真挚澎湃，直击人心。这篇演讲我们在前文曾提到过，如果想了解具体的演讲内容，读者可以翻看第五章。

期待畅想

以激发情感共鸣作为演讲结尾的另一种方式是由演讲者引导受众与自己一起进行期待和畅想。这也是一种比较常见且不易出错的结尾方式。

需要提醒读者的是，以期待和畅想来结尾，不一定需要堆砌华丽的辞藻，重要的是感情真挚。

在经典电影《闻香识女人》的最后，阿尔·帕西诺扮演的史法兰中校在学校礼堂上为不愿意出卖朋友的年轻学生查理进行辩护，使查理免受处罚。

在这段经典的演讲中，阿尔·帕西诺在结尾说：

以期待和畅想来结尾，不一定需要堆砌华丽的辞藻，重要的是感情真挚。

"诸公，他的前途掌握在你们的手中，那是一个有价值的年轻人的前途。请相信我，别毁了它，而是要保护它，拥抱它；请相信我，有一天你们一定会引以为傲。"

培养一个优秀的年轻人很难，毁掉他却很容易，史法兰中校在演讲中对查理大好前景的畅想让学校不得不更加谨慎地对其进行处理。

附录

演讲中的突发
状况应对方法

临时被拎起来说几句话该如何应对

曾经有朋友这样问我："我发现在好几个陌生的场合，你临时被请上台发言，但你表达得都特别好，你太厉害了，你天生就是一个演讲的高手。"我告诉她，天底下从来没有天生的高手，每一个人都是有准备的，我也是有准备的。

> 如果想在即兴表达上不出丑，那么不要让它成为即兴表达，不就可以了吗？

然后她又问："你怎么知道要叫你上去发言，你能未卜先知吗？"

其实也不是，我只是把每一个我出现的场合都当作我会被请上台发言一样去准备，就这么简单。

如果想在即兴表达上不出丑，那么不要让它成为即兴表达，不就可以了吗？

准备发言之前，需要搜集的关键信息

活动的场地

活动举办的日期

活动的主题

谁来参加

自己在这个活动中是什么位置

每次上课，我都会让我的学生培养这样的习惯，此后只要参加某个活动，他们就会下意识地提前开始准备发言，无论他会不会真的上台发言。

即使被明确告知不需要他上台发言，他也会做好准备，先去看一下活动的场地、活动举办的日期、活动的主题、谁来参加，以及自己在这个活动中处于什么位置。

按照这些信息去准备一篇发言稿之后，哪怕在这场活动中你真的没有上台，也没关系，在开车回家的路上，你也可以把准备的稿子说一遍。

就这么简单，没有人可以一口吃成一个胖子，即便是有像我这样的老师教你，学会之后，你还得经常去练习，演讲能力的提升，是一个日积月累的过程。

如何快速组织一场发言

在一个活动的现场，如果你真的被临时邀请上台发言，该如何组织好自己要讲的内容呢？很简单，首先是去观察，确认活动主题、活动的主办方和活动的参与者；其次你可以从以下五个方面来组织自己的发言内容。

第一，要替主办方说话，因为是人家主办的活动，你要学会捧场。

第二，要去找你和现场观众的共同点，引发观众和你的共鸣。

第三，要紧扣主题，因为只有主题才是当天所有人都感兴趣的内容。

第四，要找到前面三个要点之间的关联。

第五，别忘记介绍自己。

如何组织一个现场发言

01	第一，要替主办方说话，因为是人家主办的活动，你要学会捧场。
02	第二，要去找你和现场观众的共同点，引发观众和你的共鸣。
03	第三，要紧扣主题，因为只有主题才是当天所有人都感兴趣的内容。
04	第四，要找到前面三个要点之间的关联。
05	第五，别忘记介绍自己。

从这五个方面来快速组织一段即兴发言，其实还是有难度的，所以大家需要多加练习。

下面我给大家举一个例子。

例如，我去参加一个珠宝分享会，我会这样说。

感谢主办方今天邀请我来到这里，我也很荣幸跟这么多位美女一起参加活动，我是丽娇。

从这五个方面来快速组织一段即兴发言，其实还是有难度的，所以大家需要多加练习。

其实每一个女人在刚刚出生的时候都会被她们的父母称为——掌上明珠。

但是随着年龄的渐渐增长，她们好像淡忘了自己曾经是父母眼中的珍宝。

所以我觉得，珠宝对于女人的意义就是，我们应该是我们自己的珍宝。

每一个女性都应该因珠宝而发光，每一个女性都应该拥有她们自己的高光时刻。

所以我今天特别感谢主办方给我们这个机会，在这里的每一个女性，我觉得你们都像珠宝一样闪耀。

我都分不清到底是珠宝在闪耀，还是你们在闪耀了。

这样的发言就非常得体，我前面讲的五个要点全部都包含在里面了，无论是主办方还是观众，都会对你印象深刻。

演讲时话筒突然没声音怎么办

对于缺少经验的人来说，如果他们正在演讲时话筒突然没声音了，他们在台上就会比较慌。

他们心里会想："怎么办？我完蛋了。"

其实我在给学生讲如何演讲时，经常说的一句话是：

"只要你自己不输，你的演讲就没有输。"

那么你如何才能做到不输呢？关键就是你的情绪要一直保持稳定。

对于我来说，我甚至还挺希望在演讲中出现一些状况的，如话筒没声音、演示文稿（PPT）突然不显示、介绍的这个嘉宾没来、稿子拿错了，等等。这些突发的事件才能够反映出一个演讲者的应变能力。

如果遇到话筒突然没声音，你千万别慌，因为工作人员那个时候一定在准备帮你把备用话筒送上来。

你可以面带微笑地看着大家，或者用手势来表达你的无奈。

在台上只要你自己不慌，就不存在任何的演讲事故。

如果你发现现场的人并不多，你不用话筒也可以让大家听到你说话，那么你可以说：

"好，那我现在放大音量接着说。新的话筒正在送过来，但是大家的时间很宝贵，所以我们继续进行。"

一定要记住一句话，在台上只要你自己不慌，就不存在任何的演讲事故。反过来，你淡定的处理和从容的表达就会成为一段演讲故事。